뇌 1%만 바꿔도 인생이 달라진다

ATAMA GA MIRUMIRU SHARP NI NARU!
NOU NO KYOKASHO by Toshinori Kato
Copyright ⓒ Toshinori Kato 2010
All rights reserved.
First published in Japan by ASA Publishing Co., Ltd., Tokyo.
This Korean edition is published by arrangement with ASA Publishing Co., Ltd.,
Tokyo in care of Tuttle-Mori Agency, Inc., Tokyo through EntersKorea Co., Ltd.,
Seoul.

이 책의 한국어판 저작권은
(주)엔터스코리아를 통해 저작권자와 독점 계약한 나라원에 있습니다.
저작권법에 의하여 한국 내에서 보호를 받는 저작물이므로
무단 전재와 무단 복제를 금합니다.

Training menu of 66

뇌 1%만 바꿔도 인생이 달라진다

가토 토시노리 지음 | 이진원 옮김

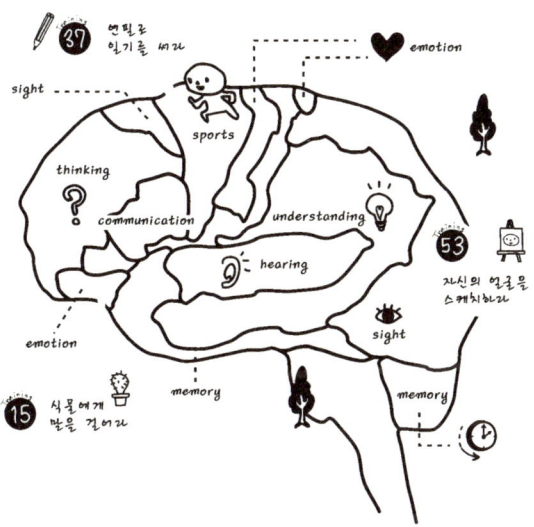

나라원

| 프롤로그 |

이 책을 읽는 순간,
당신의 뇌는 변화가 시작된다

 근육 트레이닝과 같이 인간의 뇌도 트레이닝으로 단련할 수 있을까?'

 14세에 이런 의문을 가졌던 나는 그 답을 찾아 의학부에 진학했다. 하지만 대학에서는 건강한 뇌 트레이닝 방법에 관한 해답을 찾지 못하고, 졸업 후에 미국으로 건너가 최첨단 MRI 기술을 이용한 두뇌 연구에 착수했다.

 MRI란 자기장을 이용해 인체 내부를 촬영하는 기술이다. 거대한 원통 모양의 장치에 사람이 들어가 누운 상태에서 기계를 이동시키며 촬영하는 모습을 본 적이 있을 것이다. 이 기술을 이용하면 인체의 단면 촬영이 가능해서 뇌의 구석구석까지 관찰할 수 있다.

나는 이 기술을 기반으로 약 1만 명의 뇌 영상을 분석하였고, 그 결과 뇌에 관한 중요한 사실 한 가지를 깨닫게 되었다. 바로 '뇌는 기회가 주어지면 언제든 성장을 계속한다'는 것이었다.

일반적으로 신체 기능은 10대에서 20대에 걸쳐 발달하고 30대, 40대부터는 서서히 쇠퇴한다고 알려져 있다. 그리고 뇌 역시 이와 동일한 성장의 궤적을 밟는 것으로 생각해왔다. 그런데 이런 관점이 꼭 옳다고는 할 수 없다. 인간의 뇌에는 수많은 미개발 부분이 남아 있으며, 그 영역에서는 아직 성장하지 못한 다수의 뇌세포가 정보와 경험을 받아들이기 위해 대기하고 있다. 아직 성장하기 전의 뇌세포에, 적절한 타이밍에 적절한 자극을 준다면 뇌는 새롭게 다시 태어날 수 있다.

여기까지 읽고 나면 독자 대부분은 이렇게 생각할 것이다.
'그럼, 뇌 트레이닝을 하라는 말인가?'

뇌 트레이닝과 비슷하지만 시중에 넘쳐나는 뇌 트레이닝과는 전혀 다른 성격이다. 기존의 뇌 트레이닝은 대부분 감퇴를 자각하기 쉬운 기억력이나 인지 기능을 다시 한 번 단련하는 것이었다. 따라서 '뇌 트레이닝'이라고 하면 사람들은 대개 노화를 예방하는 수단쯤으로 생각하고 있다.

하지만 이 책에서 말하는 트레이닝은 그런 소극적이고 수동적인 사고방식이 아니라 이상적인 자신의 모습으로 탈바꿈하기 위해 뇌를 적극적으로 바꿔나가는 것이 핵심이다. 이른바 자기만의 방식으로 뇌를 다시 디자인하는 트레이닝이라 할 수 있다. 따라서 '아직 두뇌 트레이닝을 할 나이가 아니다'고 생각하는 사람들이야말로 이 책을 읽어야 한다. 아직 노화 예방의 필요성을 느끼지 못하는 젊은 독자의 뇌가 가장 자극을 필요로 하기 때문이다. 또한 생각이 진부하고 소극적인 사람, 학교 성적은 좋았는데 일에서는 성과를 내지 못하는 사람, 지금까지 뇌 트레이닝으로 별 효과를 보지 못한 사람에게 추천한다.

이 책의 뇌 트레이닝 방법은 총 66가지로 구성되어 있으며, 뇌 기능별로 사고, 감정, 운동, 청각, 시각, 전달, 이해, 기억의 8가지 부분으로 나뉘어 있다. 우선은 자신의 부족한 부분을 선택하거나 좀 더 단련하고 싶은 부분을 선택해 꾸준히 트레이닝할 것을 권한다. 그렇게 한 가지씩 실천하다가 66가지 모두를 경험하고 나면 자신의 뇌가 놀랄 만큼 변화되고 강해졌음을 느낄 수 있을 것이다.

잠들어 있는 능력을 깨우고, 깨어 있는 능력은 강점으로 키우는 두뇌 강화, 지금부터 시작해보자.

지은이 가토 토시노리

contents

프롤로그
이 책을 읽는 순간, 당신의 뇌는 변화가 시작된다 • 5

Chapter 1
뇌 1%만 바꿔도 인생이 달라진다

>>
자기만의 방식으로 뇌를 다시 디자인하라 • 15
뇌력을 높이려면 뇌번지 개념으로 접근하라 • 23
뇌번지를 자극하는 3가지 포인트 • 38

Chapter 2
사고계 뇌번지 트레이닝

>>
뇌 전체를 이끄는 사령탑 '사고계 뇌번지' • 48
01 20자 이내의 '1일 목표'를 세운다 • 50
02 상대의 장점 3가지를 떠올려본다 • 52
03 일주일에 하루는 잔업하지 않는 날로 정한다 • 54
04 일부러 지는 게임을 해본다 • 56
05 정반대의 관점에서 생각해본다 • 58
06 잠자기 전에 오늘 일 3가지를 기록한다 • 60
07 가끔은 휴일 계획을 타인에게 맡긴다 • 62
08 반드시 10분간 낮잠을 잔다 • 64
09 하루 5분씩 발과 종아리를 주무른다 • 66
뇌 칼럼 실전에 강한 사람이 되는 방법 • 68

20자 이내의
1일 목표를 세운다

오늘 하루는 절대
화내지 않기로 정한다

Chapter 3 〉〉
**감정계
뇌번지
트레이닝**

죽을 때까지 성장하는 '감정계 뇌번지' • 70
10 오늘 하루는 절대 화내지 않기로 정한다 • 72
11 즐거웠던 일 베스트 10을 선정한다 • 74
12 평소 즐기는 일을 10일만 중단해본다 • 76
13 자신이나 타인의 칭찬 노트를 만든다 • 78
14 새로운 미용실을 개척한다 • 80
15 식물에게 말을 걸어본다 • 82
16 친구나 지인의 표정을 살펴 이야기해본다 • 84
뇌 칼럼 질투와 동경은 뇌에 어떤 영향을 미칠까? • 86

Chapter 4 〉〉
**전달계
뇌번지
트레이닝**

의사 소통을 담당하는 '전달계 뇌번지' • 88
17 자신만의 창작요리를 만든다 • 90
18 단체경기에 적극적으로 참여한다 • 92
19 상대방의 말에 3초의 틈을 두고 대답한다 • 94
20 3가지의 선택지를 가지고 질문한다 • 96
21 부모님께 자신의 목표를 이메일로 보낸다 • 98
22 상대가 말할 때 특유의 말버릇을 찾아본다 • 100
23 카페 직원에게 자연스럽게 말을 걸어본다 • 102
뇌 칼럼 뇌가 크면 머리가 좋을까? • 104

Chapter 5

이해계 뇌번지 트레이닝 〉〉

왕성한 호기심으로 성장하는 '이해계 뇌번지' • 106
24 10년 전에 읽은 책을 다시 한 번 읽어본다 • 108
25 정리정돈법이나 인테리어를 바꿔본다 • 110
26 자신만의 프로필을 만든다 • 112
27 지하철에서 타인의 마음상태를 추측해본다 • 114
28 센스 있는 사람의 패션을 따라 해본다 • 116
29 평소 절대로 읽지 않는 책의 제목을 읽어본다 • 118
30 외출하기 10분 전에 가방을 정리한다 • 120
31 집에 들어오면 바로 짧은 시를 지어본다 • 122
32 지역사회를 위한 자원봉사 활동에 참여한다 • 124
33 존경하는 사람의 말과 행동을 따라 해본다 • 126
뇌 칼럼 뇌도 식사를 한다?! • 128

Chapter 6

운동계 뇌번지 트레이닝 〉〉

가장 먼저 성장을 시작하는 '운동계 뇌번지' • 130
34 평소 사용하지 않는 반대 손으로 양치질한다 • 132
35 노래방에서 춤추며 노래한다 • 134
36 부엌에서 노래 부르며 요리한다 • 136
37 만년필이나 연필로 일기를 쓴다 • 138
38 고흐나 피카소의 명화를 따라 그린다 • 140
39 엘리베이터 대신 계단을 두 칸씩 오르내린다 • 142
40 생각이 막힐 때는 그냥 계속 걷는다 • 144
뇌 칼럼 뇌번지의 위치와 크기는? • 146

생각이 막힐 때는
그냥 계속 걷는다

Chapter 7 〉〉

**청각계
뇌번지
트레이닝**

스스로 원해야 발전하는 '청각계 뇌번지' • 148

41 취침 타이머를 정해놓고 라디오를 들으며 잔다 • 150

42 마음에 드는 노랫말을 찾는다 • 152

43 회의 발언을 듣고 빠르게 따라 적어본다 • 154

44 뉴스를 보면서 아나운서의 말을 따라 한다 • 156

45 파도나 바람 소리 등 자연의 소리에 귀 기울인다 • 158

46 멀리 떨어진 테이블의 대화에 귀를 기울인다 • 160

47 특정 소리에 집중하며 음악을 듣는다 • 162

48 상대방의 말에 다양한 방법으로 맞장구친다 • 164

뇌 칼럼 한 귀로 듣고 한 귀로 흘리는 이유 • 166

차창 밖의 간판에서
숫자 '5'를 찾는다

Chapter 8 〉〉

**시각계
뇌번지
트레이닝**

사물의 좋고 나쁨을 판별하는 '시각계 뇌번지' • 168

49 혼잡한 길에서 남과 부딪치지 않게 걷는다 • 170

50 차창 밖의 간판에서 숫자 '5'를 찾는다 • 172

51 오셀로 게임에서 흑백의 말을 서로 맞바꾼다 • 174

52 패션 잡지를 오려내 자신의 옷을 코디한다 • 176

53 자신의 얼굴을 스케치한다 • 178

54 거울을 보면서 10가지 표정을 짓는다 • 180

55 영화나 드라마의 등장인물을 모방한다 • 182

56 길에서 마주치는 사람의 성격을 추측해본다 • 184

57 공공장소가 더러워지는 과정을 관찰한다 • 186

뇌 칼럼 영어 공부와 뇌번지 • 188

하루 20분의
암기 시간을 갖는다

Chapter 9 〉〉

기억계   감정이 이입됐을 때 성장하는 '기억계 뇌번지' • 190
뇌번지   58 서로 관계없는 지인의 공통점을 찾는다 • 192
트레이닝 59 하루 20분의 암기 시간을 갖는다 • 194
         60 시대의 변화에 발맞춘 신조어를 구상해본다 • 196
         61 소설의 한 장면이나 《논어》를 암기한다 • 198
         62 팝송 가사를 들으며 따라 부른다 • 200
         63 어제 일어난 일 3가지를 기억한다 • 202
         64 일요일에 다음 주 일정을 머릿속으로 계획한다 • 204
         65 오늘 자신이 한 말 중 최고와 최악의 말을 뽑아본다 • 206
         66 가이드나 안내서 없이 자유여행을 떠난다 • 208

에필로그
몸은 늙어도 뇌는 늙지 않는다 • 211

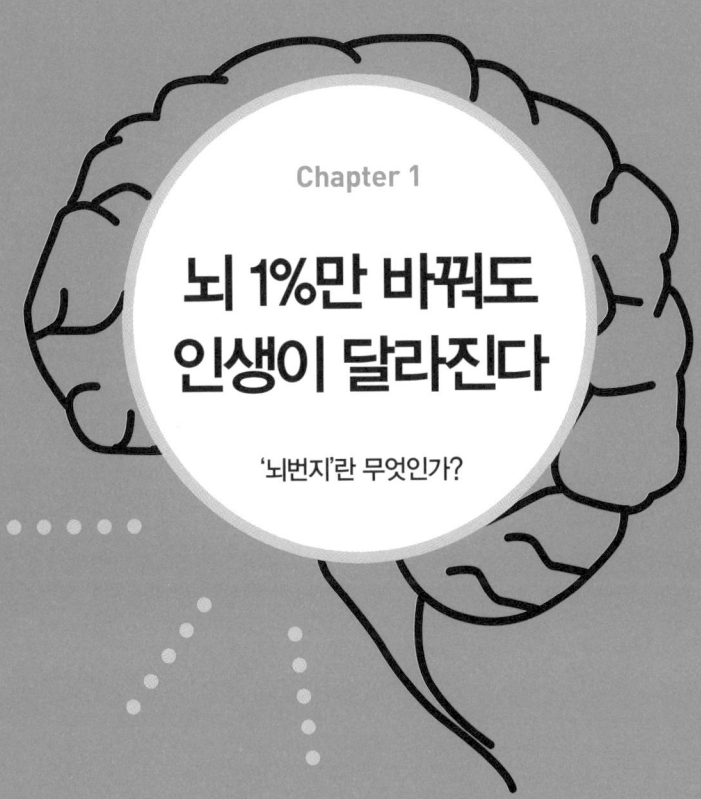

Chapter 1

뇌 1%만 바꿔도 인생이 달라진다

'뇌번지'란 무엇인가?

"
머리 좋은 사람이 된다는 것은
자신의 뇌를 아는 사람이 된다는 뜻과 같다!
"

자기만의 방식으로
뇌를 다시 디자인하라

뇌는 죽을 때까지 계속 성장한다

이 책의 목적은 트레이닝을 통해 뇌를 강화하여 자신을 이상적인 모습으로 재창조하는 것이다. 그렇다면 자기만의 방식으로 뇌를 디자인 하려면 우선 우리 뇌의 구조부터 잘 알아야 하는데, 사실상 뇌의 구조나 성장에 대해 의외로 잘 밝혀지지 않았다.

갓난아기의 뇌는 아직 새하얀 도화지와 같은 상태라는 것은 뇌 영상을 본 적이 없어도 누구나 쉽게 상상할 수 있을 것이다. 그런데 인간의 생애에서 뇌세포가 가장 많은 시기가 바로 영유아기다. 영유아기 이후 해를 거듭하며 뇌세포의 수는 점차 줄어든다. 이 한 가지 사실만을 보고 '뇌는 나이를 먹으면서 계속 쇠퇴해간다'라는 잘못된 인식이 있는데, 사실은 전혀 그렇지 않다.

뇌세포는 줄어들지만 뇌 안에 있는 아미노산 등의 물질은 증가한다. '생명의 원천'이라 불리는 아미노산은 몸을 형성하는 데 반드시 필요한 영양성분이다. 이처럼 뇌세포 수는 줄어도 영양 성분은 증가하기 때문에 뇌 성장은 멈추지 않는다. 다시 말해 우리의 뇌는 죽을 때까지 계속해서 성장한다.

뇌 성장이 왕성한 시기는 20대에서 40대

나는 지금까지 MRI를 이용해 태아에서 100세 노인에 이르기까지 무려 1만 명 이상의 뇌 영상을 살펴보았다. 이렇게 각 세대의 뇌를 비교한 결과, 사람의 성격이 각각 다르듯 뇌도 20대에서 40대에 걸쳐 매우 개성 있게 변해간다는 사실을 알 수 있었다.

원래 뇌에는 성장하고자 하는 에너지가 가득 넘치는데, 그 힘이 가장 왕성할 때가 바로 20대에서 40대 사이다. 이 기간에 제대로만 단련한다면 뇌는 점점 더 강하고 유연하게 성장한다.

그런데 어째서 20대에서 40대에 걸친 시기에 뇌의 변화가 두드러지는 것일까? 여기에는 이유가 있다.

20대 초반까지는 대부분이 학생의 신분으로 학교생활을 한다. 학교에서는 정해진 수업에만 중점을 둘뿐 다른 능력에는 크게 집중하지 않는다. 결과적으로 뇌의 기본적인 부분만 집중적으로 사용하게 되는 것이다. 그러다가 학교를 졸업하고 사회에 나가 직접 부딪쳐볼 기회가 늘어나면서 학생 시절에는 사용하지 않았던 뇌 사용의 기회도 극적으로 증가한다.

다시 말해 뇌가 본격적으로 자극을 받고 성장을 시작하는 것은 사회인이 되고 나서부터다. 우리는 자신이 이루고 싶은 미래상을 머릿속에 그리며 매우 다양한 목적을 가지고 사회에 첫발을 내딛는다. 그리고 사회 역시 업종과 직종에 따라 다양한 역할을 요구해온다. 뇌의 성장 에너지가 강해지는 때가 바로 사회인으로서 활동할 이 시기다. 그래서 스스로 어떤 의식을 갖는가에 따라 뇌가 크게 성장할 수도 있고 반대로 정체되기도 한다.

즉, 뇌 과학적 측면에서 보아도 20대에서 40대는 적극적으로 도전해야 할 시기라는 말이다. 만약 이 시기에 '이제 와서 단련이라니, 너무 늦었어'라고 부정적으로 생각하거나 '어차피 내 능력은 이 정도밖에 안 돼' 하고 단정 지으면 뇌 성장은 그 시점에서 멈추게 된다.

나는 줄곧 '뇌의 성인식'은 30세라고 주장해왔다. 뇌가 성장하는 데는 균형이 중요하기 때문에 지식과 인격 어느 한쪽으로 치우치는 일 없이 고루 성장시켜나가야 한다. 그렇다면 그 기준이 되는 나이는 언제일까?

수많은 뇌 영상을 연구한 결과 나는 30세를 기준으로 삼는 것이

타당하다고 판단했다. 이것은 다르게 말하면, 자신의 뇌를 새롭게 만들고자 한다면 30세부터도 늦지 않다는 뜻이기도 하다.

하지만, 뇌의 어떤 부분을 단련해야 할지, 단련은 어떻게 해야 하는지 두뇌 단련에 관해 충분히 이해하고 있는 사람은 많지 않다. 그도 그럴 것이 이 같은 정보는 일반인에게는 별로 알려지지 않았을 뿐더러 학교에서도 가르쳐준 적이 없기 때문이다. 하지만 뇌를 올바르게 단련하는 방법은 분명히 존재한다. 그렇다면 그 방법이란 어떤 것인지, 이제부터 차례대로 설명하려고 한다.

성장 시작   한창 성장 중   아직 더 성장

공부만 잘했던 사람은 주의하라

두뇌를 단련하려면 가능한 한 많은 경험을 쌓아야 한다. 여기서 '경험'이란 신경세포에 어떤 정보가 전달되었는지, 어떻게 영양을 섭취했는지, 그리고 환경 변화에 어떻게 대응했는지 등을 말한다. 이러한 경험이 풍부할수록 뇌는 개성을 띠게 되는데, 뇌가 경험을 쌓으려면 실생활에서 다양한 일에 도전해야 한다. 하지만 경험을 쌓으려 해도 세상에는 다양한 제약들로 가득하다.

예를 들어, 어느 날 상사로부터 사무실 바닥을 청소하라는 지시가 떨어졌다고 하자. 이때, '어째서 내가 이런 일을 해야 하지?'라고 생각한다면 지금까지 살아오면서 경험한 뇌 버릇에 지배당하는 것이다. 그때 이를 깨닫는 것이 매우 중요하다.

특히 학교 성적이 좋았던 사람일수록 주의가 필요하다. 그런 사람은 그때의 성적과 습관에 맞춰 행동하려 하기 때문이다. 가령, 자신에게 어울리지 않는다고 생각하는 작업은 피하거나 다른 사람에게 맡기려고 한다. 하지만 '바닥 청소'라는 작업이 뇌에 새로운 경험을 줄 수 있다면 어떨까? '이런 일은 내가 할 일이 아니다'라고 단정 짓는 것은 모처럼의 좋은 기회를 놓치는 행동이 된다. 물론 바닥 청소가 뇌를 단련하는 직접적인 수단이라는 뜻은 아니다. 그러나 지나치게 강한 자존심과 선입견은 좋은 경험을 할 수 있는 선택의 폭을 좁혀 뇌를 자극할 수 있는 기회마저 잃게된다.

이는 결과적으로 뇌의 성장을 방해한다. 학교에서 공부는 잘했는데 사회에 나가서는 적응하지도 못하고 별다른 성과도 내지 못하는 사람이 있을 것이다. 이런 사람은 성적만을 중시하는 이른바 '학교 뇌'의 영향에서 벗어나지 못하고, 일할 때도 학교공부의 연장선에서 뇌를 사용하고 있을 가능성이 높다. 뇌를 단련할 때는 가능한 한 자유로운 발상을 할 필요가 있다.

기억력이 떨어졌다면 사고력을 단련하라

원래 뇌는 성장하는 것이 당연한 기관이므로 그 구조에 맞춰 단련해야 한다. 단, 잘못된 방법으로는 뇌세포에 다양한 경험을 축적할 수 없다.

예컨대 기억력이 떨어진 것 같으면 위기감에 사로잡혀 오로지 암기에만 몰두하는 사람이 있다. 하지만 그것은 올바른 방법이 아니다. 기억력 저하는 뇌의 해마(기억을 담당하는 부위)가 위축되어 있다는 것을 알리는 신호다. 그런데도 기억력이 떨어져 깜박깜박하는 사람이 필사적으로 무언가를 외우려 하면 해마를 쓸데없이 혹사시키는 꼴이 된다. 정상적으로 기능할 수 없는 위축된 해마에게 무리하게 기억하라고 명령을 내려봐야 좋은 효과를 거두기는 어렵다. 그렇다면 기억력 저하를 느꼈을 때 어떻게 대처해야 할까? 이때는 기억력이 아니라 사고력을 강화하는 것이 효과적이다.

사고력이 강화되면 기억력 저하를 보였던 해마의 기능도 회복되어 원래 상태로 돌아온다. 그러므로 기억력 저하를 느끼는 사람은 다른 사람과 대화를 많이 하는 등 정보 교환의 기회를 늘리고 사고력을 향상시키는 것이 바람직하다.

자신의 뇌 특성에 맞춘 트레이닝

요즘 들어 '두뇌 트레이닝'이란 제목의 책과 게임이 넘쳐난다. 그중에는 마치 그 트레이닝 하나만 실천하면 뇌 전체가 좋아질 것처럼 과대 광고하기도 한다.

하지만 이처럼 한 가지 방법만 고집하는 트레이닝은 그 방법이 구체적으로 뇌의 어디에, 어떤 효과가 있는지 명확하게 알 수 없다. 물론 이런 트레이닝도 쉽게 실천할 수 있다는 면에서는 필요할지 모른다. 단 그 방법에 싫증이 나거나 좋아지지 않을 경우에 따로 대체할 만한 방법이 없다는 결점이 있다.

또한, 지금까지 나온 두뇌 트레이닝 방법으로는 뇌의 개성에 맞춰 트레이닝할 수 없다. 성격이나 외모 등 사람들은 각각 다른 개성을 가지고 태어나듯 뇌도 모두 다른 개성을 가지고 있다. 그러니 뇌를 단련하는 방법도 사람에 따라 모두 달라야 한다. 특히 퍼즐이나 계산문제풀이 방식의 두뇌 트레이닝은 뇌의 개성에 부합되지 못할뿐더러 획일적인 작업만을 강요한다. 특정방식을 고집하는 트레이닝은 언뜻 쉬워 보일 수 있지만, 문제는 사람에 따라 효과가 다르다는 점이다. 게다가 심한 경우는 실천할 방법은 제시하지 않은 채 무조건 두뇌를 단련하라고 말로만 강조하는 경우도 있다.

한편 뇌 과학 분야와는 아무런 연관이 없는 글을 가지고 경솔하게 '뇌'라는 제목을 붙인 책도 범람하고 있다. 이런 책을 읽어보면 뇌를 주제로 하면서도 심리학적인 측면에서만 접근하는 경우가 있다.

요컨대 기존의 두뇌 트레이닝 책에는 '각자의 뇌에 적합한 방법으로 단련한다'는 관점이 빠져 있다. 바꿔 말하면 '자신이 가진 본래의 뇌를 단련한다', '진정한 자신을 갈고 다듬는다'는 중요한 개념이 없는 것이다. 뇌를 단련하고, 자신을 이상적인 모습으로 만들어가려면 이 점을 먼저 깨달아야 한다.

나는 언제부터인가 머리 좋은 사람이 되는 것과 자신을 아는 사람이 되는 것은 같은 문제라고 생각하게 되었다. 자신을 아는 것은 곧 자신의 뇌와 마주하는 것이기 때문이다. 여기서 필요한 것이 앞으로 설명할 '뇌번지(腦番地)'라는 개념이다.

뇌력을 높이려면
뇌번지 개념으로 접근하라

뇌번지란 무엇인가?

'뇌번지'라는 말은 내가 주장하는 개념인데, 조금은 낯설게 들릴 것이다. 설명하자면 대략 이런 내용이다.

뇌에는 1천억 개 이상의 신경세포가 존재하는데, 이중에 같은 기능의 세포끼리 모여 세포 집단을 구성한다. 그리고 이 세포 집단은 각각의 기능에 따라 뇌 안에 일종의 '기지'를 형성하고 있다.

가령 사고와 관련된 세포 집단은 A지점, 기억과 관련된 세포 집단은 B지점, 운동과 관련된 세포 집단은 C지점에 모여 있다고 생각하는 것이다. 또 우리 인간이 어떤 행동을 할 때는 대부분 몇 개의 세포 집단끼리 네트워크를 형성하여 작동하고 있다. 나는 이 뇌

세포 집단과 그 집단이 모인 기지에 '뇌번지'라는 이름을 붙였다.

즉, 오른쪽 그림과 같이 위치에 따라 기능이 다른 뇌를 한 장의 지도로 보고, 그 기능별로 번지 주소를 배정했다. 이렇게 만든 두뇌 지도에는 번호를 붙였다. 그 결과, 뇌 전체를 좌뇌, 우뇌 각각 60개씩 총 120개의 뇌번지로 나눌 수 있었다. 이 분류를 이용하면 '20, 38번지는 기억', '44, 45번지는 전달', '39, 40번지는 이해'라는 식으로 각각의 번지가 어떤 기능을 담당하고 있는지 분명해진다.

그러나 두뇌 좌우에 동일한 번호가 있지만, 같은 기능을 하는 것은 아니다. 뇌번지 120개 중 대부분은 '대뇌'에 속해 있으며, 척수나 소뇌, 뇌간 등의 뇌번지에는 알파벳을 붙였다.

뇌번지는 어떻게 분포되어 있나?

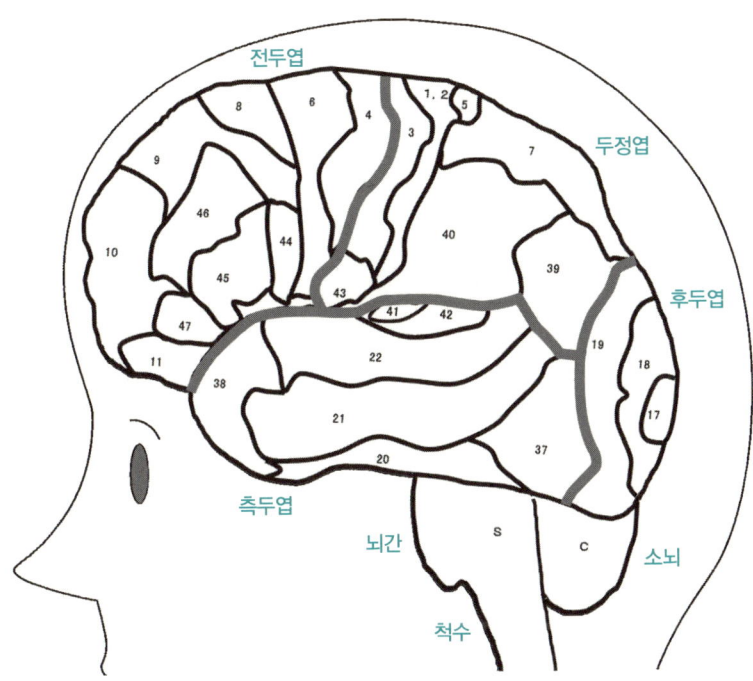

* 뇌를 왼쪽 측면에서 본 단면도

머리 꼭대기의 1번부터 순서대로 기능마다 번호가 매겨져 있다.
이 외에 해마(H번지), 편도체(A번지), 내후각 피질(entorhinal cortex, E번지),
시상(T번지) 등에도 번지가 있으며 모두 합하면 총 120번지로 나뉜다.

뇌번지의 원형은 18세기의 빈에서 유래

'뇌번지'의 발상 자체는 내가 창안한 것이지만, '뇌는 장소마다 기능이 정해져 있는 것이 아닐까?'라는 생각은 약 250년 전부터 존재했다.

지금으로부터 250년 전인 18세기는 모차르트가 활동했던 시대다. 모차르트와 거의 같은 시기에, 같은 빈에 살고 있던 독일인 의사 프란츠 갈(Franz Joseph Gal) 박사는 두개골에 흥미를 보이다가 마침내 뇌에도 관심을 갖게 되었다. 그는 '이 부분은 사회성과 연관이 있다', '이곳은 본능적인 부분과 연관이 있다' 등 뇌의 기능이 부위마다 다르다는 사실을 밝혀냈다.

당시에는 아직 현미경이 보급되지 않았을 뿐더러 살아 있는 사람의 뇌를 해부할 수도 없었기 때문에 뇌를 연구한다고 해도 표면밖에 볼 수 없었다. 하지만 갈 박사는 직접 창시한 '골상학(Phrenology)', 즉 두개골의 형태로 정신적 능력과 성격을 진단하는 학문을 토대로 뇌를 연구하여 뇌가 부위마다 다른 기능을 한다는 사실을 알아냈다.

그러나 그의 주장은 받아들여지지 않았으며 결국에는 빈 학회에서 파문당하는 고난을 겪었다. 그럼에도 그는 자신의 주장을 굽히지 않고 프랑스로 건너가 강연을 계속하였고, '뇌 기능이 부위마다 다르다'는 이론이 점차 알려지기 시작했다.

그 후 시간이 흘러, 지금으로부터 100년 전에 독일인 해부학자 브로드만(Korbinian Brodmann) 박사는 뇌 표면에 다수의 세포 집단이 형성되어 있는 것을 발견했다.

오늘날 '브로드만 대뇌피질 지도(cerebral map)'로 알려진 이 발견으로 세포를 집단별로 명확히 구별하게 되었으며, 뇌번지의 토대가 되는 이론이 정리되었다.

뇌번지 사이의 연결이 뇌를 강화한다

다른 세포처럼 뇌 신경세포도 해마다 감소하며, 나이를 먹으면서 노화를 겪게 된다. 단 이 신경세포는 여러 개의 뇌번지를 네트워크로 연결하며, 이 네트워크는 계속해서 성장한다. 따라서 노화로 인해 세포 수가 감소해도 뇌번지끼리의 연결이 원활하게 진행되면 신경세포 사이의 결합이 강해져 뇌 기능이 한층 더 강화된다. 이처럼 뇌번지 사이의 연결은 뇌 강화에 중요한 의미를 지닌다.

뇌번지는 8개의 종류로 나뉜다

앞에서도 말했듯이 뇌에는 모두 120개의 뇌번지가 존재한다. 이 120개의 뇌번지를 기능별로 묶으면 다음의 8계통으로 나눌 수 있다.

① 사고계 뇌번지 – 무언가를 생각할 때 기능하는 장소.
② 감정계 뇌번지 – 희로애락 등을 표현할 때 기능하는 장소.
③ 전달계 뇌번지 – 대화로 소통할 때 기능하는 장소.
④ 이해계 뇌번지 – 정보를 이해하고 활용하는 장소.
⑤ 운동계 뇌번지 – 몸을 움직이는 일 전반을 다루는 장소.
⑥ 청각계 뇌번지 – 귀로 들은 것을 저장하는 장소.
⑦ 시각계 뇌번지 – 눈으로 본 것을 저장하는 장소.
⑧ 기억계 뇌번지 – 정보를 저장하고, 그 정보를 활용하는 장소

이들 뇌번지는 좌뇌와 우뇌 양쪽에 분포한다. 이 8계통 중에서 다른 뇌번지에 가장 큰 영향을 주는 것이 '사고계 뇌번지'와 '감정계 뇌번지'다. 특히 전두엽에 위치한 감정계 뇌번지는 해마를 포함한 기억계 뇌번지 바로 앞에 있어 사람의 성격을 결정짓는 데 중요한 역할을 한다. 전두엽은 목적과 의지에 따라 지시를 내리는 부분이므로 감정계 뇌번지를 잘만 활용하면 깊이 있는 사고가 가능하며, 자신이 필요 없다고 판단되는 정보는 들어오지 못하게 차단할 수 있다.

한편 해마는 인간의 기억과 관련이 깊은 기관인데, 특히 희로애락의 감정을 느꼈을 때 기억에 직접적인 영향을 준다. '영화를 보고 깊은 감명을 받았다' 또는 '예의 없는 반응에 강한 분노를 느꼈

8가지 계통의 뇌번지

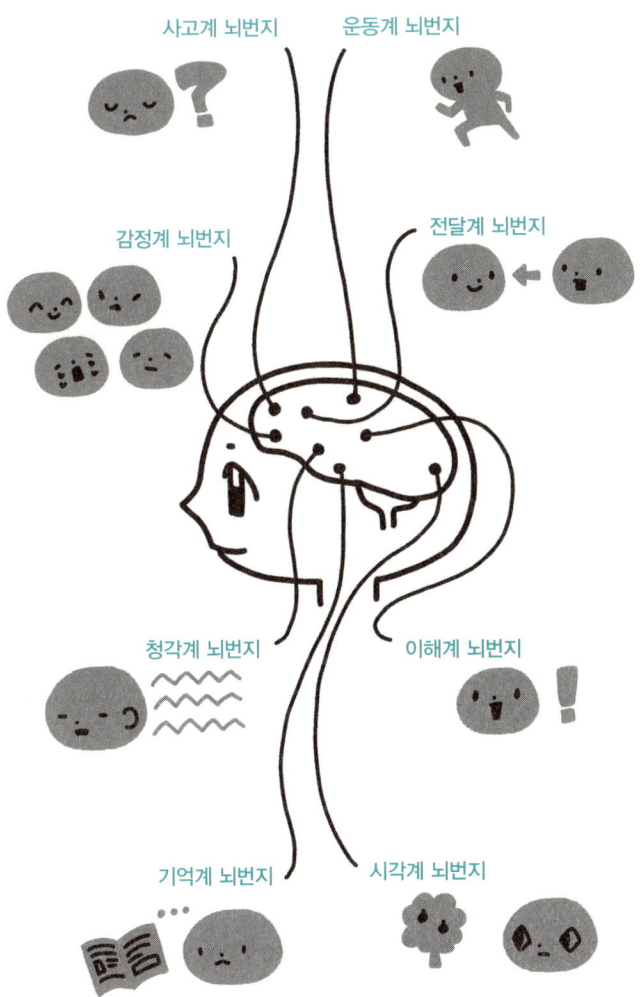

다' 등 감정적으로 크게 동요한 사건일수록 기억에 많이 남는 것은 이 때문이다.

감정계 뇌번지는 사고계 뇌번지를 컨트롤해서 생각을 억제할 정도의 영향력을 지닌 매우 섬세한 뇌번지라 할 수 있다.

그밖에 감정계 주변으로 시선을 돌리면, 사고계 뇌번지, 전달계 뇌번지, 운동계 뇌번지가 있다. 이 3가지는 각각 전두엽 주변에 모여 있으며 능동적인 사고나 행동을 부추긴다.

한편, 뇌를 전체적으로 봤을 때 비교적 뒤쪽에 있는 이해계, 청각계, 시각계, 기억계 뇌번지는 모두 능동적 사고나 행동을 불러일으키기 위한 정보를 입력하는 뇌번지다. 이 네 개의 뇌번지를 통해 들어온 정보는 생각하거나 이해하거나 기억하는 재료가 되므로 다른 뇌번지보다 수동적인 경향이 있다. 능동형 인간이 될 것인가, 수동형 인간이 될 것인가는 이들 뇌번지를 어떻게 사용하느냐에 따라 결정된다.

뇌번지의 성장은 '가지 형태'로 결정된다

지금까지 뇌는 기능에 따라 '뇌번지'의 형태로 나뉘어 있고, 그 뇌번지에는 8개의 종류가 있음을 알았다. 그러면 이 뇌번지가 '성장한다'는 것은 어떤 의미일까?

대뇌에 있는 뇌번지는 신경세포가 모여 있는 피질과 신경섬유가 모여 있는 백질로 구성되어 있다. 이 신경세포와 신경섬유가 성장하면 다음 페이지 그림과 같이 백질이 커지고 그에 맞춰 피질의 표면적이 넓어진다. 이 변화의 모습이 나뭇가지가 자라는 모습과 비슷해서 나는 이를 '뇌의 가지'라 부른다.

MRI를 통해 갓난아기의 뇌를 보면 뇌번지의 가지는 거의 발달하지 않았고, 겨우 운동계 뇌번지의 가지만 가늘게 보인다. 하지만 아이에서 어른으로 성장하는 과정에서 각각의 뇌번지는 많은 정보를 얻어 가지를 발달시키고 다른 뇌번지와 연결하기 위해 점점 길게 뻗어나간다.

또한, 수많은 뇌번지 중에서도 다양한 정보를 흡수하여 경험을 쌓고 많이 사용한 뇌번지일수록 가지가 점차 굵어진다. 이처럼 뇌번지는 정보를 얻어 성장하지만 그 성장 순서나 성장의 형태, 즉 가지의 굵기는 사람마다 다르다. 이것이 '뇌의 개성'이다.

그렇다면 뇌는 누구나 그 형태가 같은데 사람마다 생각이 다른 이유는 무엇일까?

지금까지는 그 이유로 성장 환경이나 두뇌 사용법의 차이가 지목되었다. 물론 이러한 이유도 있지만, 그보다는 뇌의 성장 방식이 크게 영향을 미쳤다고 할 수 있다.

뇌번지는 어떻게 성장하는가?

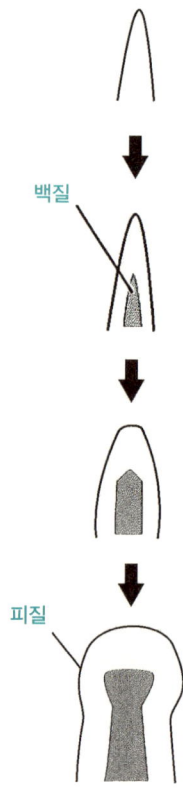

* 백질이 발달하면 동시에 피질의 표면적이 넓어진다.
이 성장 과정은 나무가 가지를 뻗는 모양과 비슷하다.

뇌번지를 조합해서 단련시켜라

뇌번지의 가지를 굵게 만들려면 경험을 많이 쌓고 사용을 많이 해야 한다. 그렇다고 해서 같은 경험을 여러 번 반복하는 것은 그 이상의 성장을 기대할 수 없다. 예를 들어, 수학 성적을 올리려면 한 번 푼 문제를 반복해서 풀지 않고 완전히 새로운 문제에 도전하는 편이 좋은 것과 같다. 특히 자주 사용하는 뇌번지에는 이제까지 직면한 적이 없는 전혀 새로운 경험이 필요하다.

그리고 앞에서도 말했듯이 뇌번지는 다른 뇌번지와 연결하려는 경향이 있다. 예를 들어, 상대의 이야기를 들으면서 생각을 할 때는 듣는 역할을 담당하는 청각계 뇌번지와 생각하는 역할을 하는 사고계 뇌번지가 연결된 상태다. 마찬가지로 책의 문장을 눈으로 좇으면서 생각을 하는 동안에는 시각계 뇌번지와 사고계 뇌번지가 연결되어 있다. 음악을 듣고 즐거운 기분이 되었을 때는 청각계 뇌번지와 감정계 뇌번지가 연결되며, 음악에 맞춰 노래를 부르면 입의 운동을 관장하는 운동계 뇌번지와 이어지기도 한다.

이처럼 뇌의 기능은 뇌번지끼리의 연계로 이루어지기 때문에 이 연계를 잘 응용하면 뇌번지를 조합해 더욱더 효율적으로 단련시킬 수 있다.

잠자는 뇌번지를 자극하라

앞서 설명했듯이 뇌 MRI 영상을 연대별로 살펴보면 갓난아기의 뇌는 가지가 거의 발달되어 있지 않다. 오른쪽 영상에서도 알 수 있는 것처럼 많은 부분이 흰색을 띤 상태인데 성장하면서 가지가 굵어지고 원래 흰색이던 부분이 검은 가지로 덮이게 된다. 반면에 성인의 뇌 영상은 대부분이 검고 일부만 하얗게 보인다.

이 흰 부분은 휴면 중인 뇌번지다. 문제는 이 휴면 중인 뇌번지를 어떻게 단련하느냐다. 휴면 중인 뇌번지에는 성장에 필요한 정보를 얻지 못해 자라지 않은 신경세포가 많다. 나는 이 세포를 성장 가능성이 잠재되어 있다는 의미에서 '잠재능력 세포'라고 부른다. 이 잠재능력 세포에 자극을 주고 지금까지 발휘하지 못한 능력을 꽃피우려면 우선 '놀고 있는 뇌번지가 있다'는 점을 자각해야만 한다.

인간은 생활 패턴이나 사고 방법이 각기 다르므로 어떤 뇌번지를 잘 사용하는지도 개인에 따라 다르다. 영업사원의 경우, 업무 중에 많은 대화를 하기 때문에 언어력을 담당하는 뇌번지가 혹사당하고 있는 상태다. 이는 달리 말하면 그 외의 뇌번지는 잘 사용하지 않는다는 의미이기도 하다. 이런 사람은 일터를 벗어나는 순간부터 언어 이외의 뇌번지를 단련해야 한다. 반대로 사람들과 많은 대화를 하지 않고 컴퓨터 앞에서만 일하는 사람은 사생활에서

'휴면 중'인 뇌번지

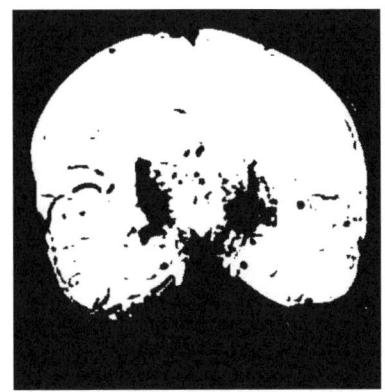

신생아의 뇌 영상

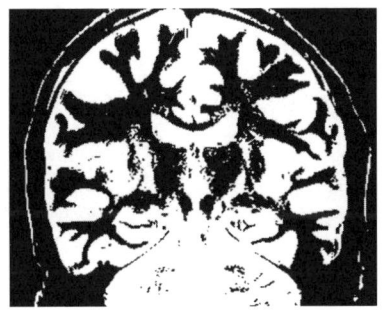

23세의 뇌 영상

* 신생아의 뇌와 23세 성인의 뇌를 찍은 영상이다.
하얗게 보이는 것은 휴면 중인 뇌번지다.
이중에는 성장 가능성을 지닌 잠재능력 세포가 존재한다.

언어를 구사하는 뇌번지를 자극할 필요가 있다.

평소 어떤 일을 하고 있는지, 어떤 일에 머리를 가장 많이 사용하는지를 생각하면 자신이 단련해야 할 뇌번지가 어느 부분인지 알 수 있을 것이다.

두뇌 콤플렉스를 개선하라

잠들어 있는 뇌번지를 자극하려면 두뇌 콤플렉스를 해결하는 것이 중요하다. 두뇌 콤플렉스란 자신이 평소 생활에서 서툴다고 생각하는 부분을 말한다. 예컨대, '말하고 싶은 내용을 잘 전달하지 못한다', '길을 잘 잃어버린다', '다른 사람의 이름을 기억하지 못한다', '리듬감이 없다' 같은 것들이다.

항상 같은 실수를 한다면 그 능력을 담당하는 뇌번지가 휴면 중이기 때문이다.

뇌번지를 사용하지 않는 이유는 '좀처럼 사용할 기회가 없다', '스트레스를 받아서 새로운 경험 자체를 피한다' 등 다양하지만, 뇌번지가 충분히 기능하지 못한다는 점에서 결과는 같다.

그중 가장 많은 사람들의 콤플렉스는 '나는 머리가 나쁘다'는 것이다. 왜 이런 콤플렉스가 생겼을까?

그 이유는 학교 교육 과정에서 '학교 성적이 나쁘다'는 곧 '머리가 나쁘다'와 같다는 인식을 심어주고 있기 때문이다. 스포츠나 미술, 음악 등 공부 이외의 분야에서 실력을 발휘하게 된다면 다행이지만, 그러지 못하면 '난 어차피 뭘 해도 안 돼'라는 생각이 들어 모든 일에 소극적으로 대응하게 된다.

하지만 이는 큰 착각이다. 학교 성적이 우수하다고 해서 그 사람의 뇌번지가 모두 골고루 활성화되어 있을 리 없다. 오히려 학교 성적이 좋다는 자만심 때문에 사회에 나가서 큰 실패를 겪는 경우가 많다. 그럼에도 학교 교육에서는 오로지 공부 성적만을 중시하고 다른 능력은 경시하는 경향이 있다. 결국 감성이나 행동력을 기르는 뇌번지를 사용하지 않아 대부분이 휴면 상태에 빠지게 된다. 이것은 정말이지 안타까운 일이다.

뇌에는 성장이 잘 안 되는 부분은 한 곳도 없다. 따라서 미리 포기하는 사람은 스스로 뇌번지에 들어오는 정보를 막아 성장을 방해하는 셈이다. 자신의 뇌에 대한 콤플렉스를 개선하고 스스로의 가능성을 믿어야 뇌가 성장할 수 있다.

뇌번지를 자극하는
3가지 포인트

지금까지 뇌의 구조와 뇌번지 개념에 대해 설명했다. 다음 장부터는 8계통의 뇌번지를 강화하는 트레이닝 방법을 소개할 것이다.

그러면 트레이닝을 할 때 어떤 것에 주의해야 할까?

뇌를 효과적으로 단련하는 데는 다음과 같이 3가지의 포인트가 있다.

1. 일상의 습관을 재검토하라

우선 일상생활부터 재검토하자. 일상생활을 점검한다는 것은 자신도 모르는 사이에 익숙해져버린 습관을 검토한다는 뜻이다.

하루 2만 원의 식비로 생활하던 사람이 있다. 이 사람에게 갑자기 '1만 원으로 생활하라'고 한다면 어떨까? 아무래도 곤란할 것이다. 그 이유는 그는 2만 원의 식비로 생활하는 데 익숙해져 있기 때문이다. 그는 지금까지 '이곳에서 먹으면 예산을 초과하니까 다른 데로 가자', '5천 원짜리 도시락을 사먹자'라는 생각을 하면서 살아왔다. 즉, 이를 매일 반복하면서 2만 원 이내에서 식사하는 것이 습관이 된 것이다.

그러다가 갑자기 예산이 1만 원으로 줄면 그동안의 생활을 되돌아보고 방식을 바꿔야만 한다. 외식을 주로 했다면 가급적 집밥을 먹어야 할 것이고, 쇼핑할 때도 꼼꼼하게 계산해야 할 것이다.

중요한 것은 이렇게 생활습관에 작은 변화를 주어 뇌번지에 자극을 주는 것이다. 달라진 생활습관으로 새로운 경험을 쌓게 되면 잠자던 뇌번지에 자극을 주어 서로 연관이 없던 뇌번지끼리도 연결이 된다. 그 결과 지금까지의 자신을 모든 각도에서 재검토하게 될 뿐 아니라 자신의 뇌를 점검하고 그 사용법을 새롭게 발견하게 된다.

이 재검토는 특히 회사원들에게 효과적이다. 매일 바쁜 업무에 시달리는 회사원들은 뇌에 나쁜 습관이 들었을 가능성이 크다. 하루 중 업무에 필요한 뇌번지의 사용 시간은 약 8~10시간 정도다. 그 이상의 시간을 일만 한다면 동일한 뇌번지를 장시간 계속 사용하게 되고, 뇌가 피폐해져서 업무효율이 떨어진다.

따라서 장시간 같은 작업을 하는 사람은 자신의 생활습관을 되돌아보고 업무 일부를 다른 사람에게 부탁하거나 잠시 휴식을 취해 기분 전환을 하는 것이 능률을 올리는 방법이다. 이처럼 일상생활을 재검토하여 작은 변화를 준다면 사용하지 않는 뇌번지에 자극을 줄 수 있다.

2. 뇌의 버릇을 파악하라

두 번째는 뇌의 버릇을 파악하는 것이다. 보통 사람들은 어떤 작업을 할 때면 한 손으로 턱을 괴고 있거나 다리를 흔드는 등 다양한 버릇을 지니고 있다. 마찬가지로 뇌에도 버릇이 존재한다.

이러한 뇌의 버릇에는 2종류가 있다. 모든 사람이 지닌 공통된 버릇과 사람마다 다른 고유의 버릇이 바로 그것이다. 이중에 모든 사람이 지닌 공통된 버릇이란 어떤 것일까? 여기서는 4가지 특징을 소개한다.

첫째는 '칭찬을 들으면 기쁘다'는 성질이다. 이 성질은 뇌가 원래 지닌 것으로 누구의 뇌든 공통적으로 보이는 특징이다.

"당신은 다른 사람의 말을 참 잘 들어주는군요"라는 말을 들으면, 그 순간 이 긍정적인 정보에 청각계 뇌번지가 반응하여 다른 사람의 말을 더 잘 들어주게 된다. 마찬가지로 "말을 참 잘 하네요"라는 말을 들으면 전달계 뇌번지가 반응하고, "보는 눈이 있군요"라는 말을 들으면 시각계 뇌번지가 반응한다. 이처럼 칭찬을 들으면 뇌번지는 순조롭게 성장한다.

둘째, 뇌는 '숫자로 묶으면 더 쉽게 인식한다'는 특징이 있다.

"뇌번지를 효과적으로 단련하는 포인트에 관해 생각나는 대로 설명하겠습니다"라며 장황하게 이야기하기보다는 다음과 같이 말하는 편이 이해하기 쉽다.

"뇌번지를 효과적으로 단련하는 포인트는 4가지가 있습니다."

이처럼 숫자를 제시하면 뇌는 말뜻을 쉽게 인식한다.

셋째로는, 데드라인을 설정하면 뇌의 온, 오프가 명확해진다.

'오늘 4시까지 반드시 일을 마친다'라고 결정하면 신기하게도 집중력이 생긴다. 그리고 일이 끝나는 순간에 뇌는 일에서 벗어나 다른 생각으로 옮겨간다. 이렇게 데드라인을 설정하면 뇌의 사고 전환이 유연해진다.

마지막 특징은 '숙면을 취하면 성취도가 올라간다'는 것이다.

우리 뇌는 잠자는 동안에 깨어 있을 때 입력한 정보를 정리하고 리셋한다. 그런데 자지 않고 계속 깨어 있으면 이 작업을 하지 못하게 된다. 잠이 오는데도 꾹 참고 일하면 효율만 떨어질 뿐이다. 이럴 때는 아주 짧은 시간이라도 숙면을 취해야 한다. 그만큼 머릿속이 맑아져 일의 능률을 올릴 수 있다. 이 4가지는 뇌가 지닌 본래 버릇이다.

그러면 사람마다 다른 고유의 버릇은 어떤 것일까? 간단하게 말해 그 사람이 쉽게 떠올리는 '사고 패턴'이라 생각하면 된다. 뇌는 좋고 싫음에 큰 영향을 받는다.

예를 들어, "만화를 보는 것은 좋아하지만 책을 읽는 것은 싫어한다"라고 말하는 사람이 있다. 이런 사람은 활자를 보는 사고회로가 발달하지 않았기 때문에 그림을 보면서 말풍선을 읽지 않으면 내용을 이해하기 어렵다. 인간은 자신이 좋아하는 것만을 선택하고 싶어 하기 때문에 만화를 좋아하는 사람은 만화만 보게 된다. 이것이 그 사람 고유한 버릇이다.

뇌의 버릇은 당신의 뇌에 이미 형성된 일종의 고속도로와 같다. 자신이 항상 다니는 '생각의 고속도로'를 타면 모든 일을 쉽게 처리한다. 하지만 길이 없는 곳, 즉 버릇이 안 된 일을 하려면 도로공사부터 시작해야 하므로 시간이 걸린다. 이 때문에 귀찮아서라도 버릇이 들지 않은 일은 도중에 포기하게 된다.

하지만 이 버릇은 불변하는 것이 아니다. 오른쪽 사진을 보자. 이것은 한 여성의 뇌를 촬영한 MRI 영상이다. 원래 이 여성은 사물을 판단할 때 지나치게 과거의 사례에 비추어 생각하는 버릇이 있었다. 아마 그렇게 생각하는 편이 단순하고 편했을 것이다.

이를 개선하기 위해 사실을 있는 그대로 분석하도록 지도하자 화살표 부분의 가지가 눈에 띄게 발달했다. 이는 의식의 방법을 개

MRI 영상으로 본 뇌의 버릇

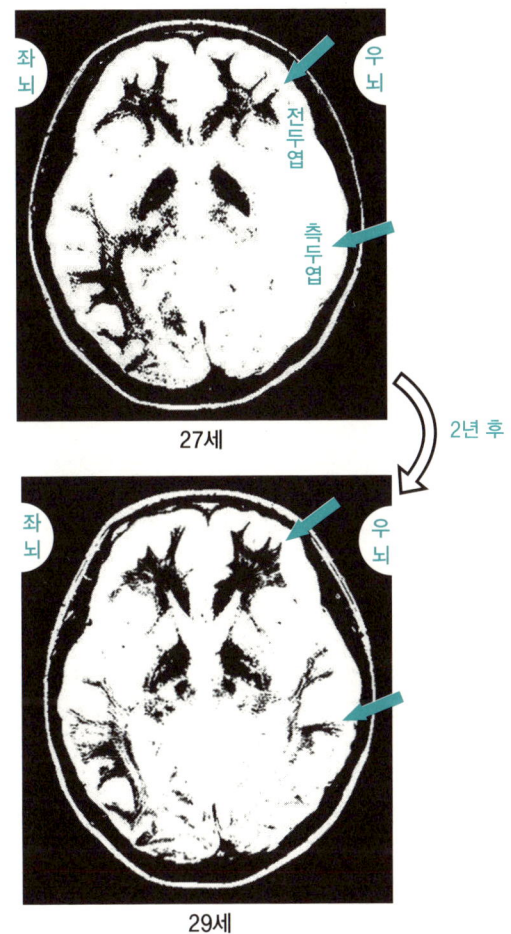

* A씨(27세, 여성)의 뇌를 위에서 본 영상(위). 2년 동안 사진 등을 보며 판독하는 훈련을 계속한 결과 우뇌의 측두엽과 전두엽의 성장이 눈에 띄게 보였다. 화살표 부분의 '가지'가 풍성해지고 생각의 '고속도로'가 만들어졌음을 알 수 있다.

선하여 새로운 버릇을 들이는 데 성공한 사례라 할 수 있다.

뇌를 효율적으로 단련하고 싶다면 자신의 뇌가 지닌 버릇이나 특징을 잘 이해해야 한다. 트레이닝을 할 때는 이 점을 명심하자.

3. '하고 싶다'는 사고로 발상하라

상사에게 업무 지시를 들을 때도 수동적으로 반응하고, 자료를 보는 동안에도 수동적으로 반응한다. 이렇게 마지못해 하게 되면 청각계는 물론이고 시각계 뇌번지가 전혀 자극을 받지 못한다. 이 두 뇌번지뿐만 아니라 모든 뇌번지를 단련할 때는 '해야 한다'는 수동적 사고를 '하고 싶다'는 능동적 사고로 바꿔야 한다. 이때 명심해야 할 것이 정보에 자주적으로 접근해야 한다는 점이다. 이미 주어진 정보를 얻으려 하기보다는, 스스로 정보를 구축하고 찾아나서는 것이다.

그 예로 TV를 켰을 때 마침 방송 중이어서 야구 중계를 보는 것과 '야구 경기를 보고 싶다'고 생각하고 야구 중계를 찾아보는 것은 의식 면에서 큰 차이가 있다. 보고 싶어서 스스로 찾아보는 것은 능동적 사고의 발상이며 원하는 정보를 적극적으로 자신에게 끌어모으는 사고방식이다.

흘러가는 정보를 수동적인 사고로만 받아들이면 뇌는 성장을 멈추고 퇴보할 수밖에 없다. 뇌를 단련한다는 행위는 곧 명확한 의지를 갖고 행하는 것이므로 능동적으로 사고해야만 효과를 기대할 수 있다.

앞에서 말했듯이 사람마다 사용하는 뇌번지가 있고, 사용하지 않는 뇌번지가 있다. 사용하는 뇌번지는 자연히 '하고 싶다'는 능동적 사고에 따라 움직이지만 사용하지 않는 뇌번지는 '해야 한다'는 수동적 사고에 길들었을 가능성이 크다. 자신의 뇌 습관을 되돌아보고 각각의 뇌번지를 수동적 사고에서 능동적 사고로 변화시켜야 한다.

앞으로 소개하는 뇌번지 트레이닝은 이를 위한 마인드 변화의 관문이다. 각각의 뇌번지에 자극을 주어 수동적 사고를 능동적 사고로 전환하는 것이다.

이 전환에 성공하면 지금까지의 수동적인 자신과는 전혀 다른, 매사에 긍정적이고 적극적인 사람으로 태어나게 될 것이다.

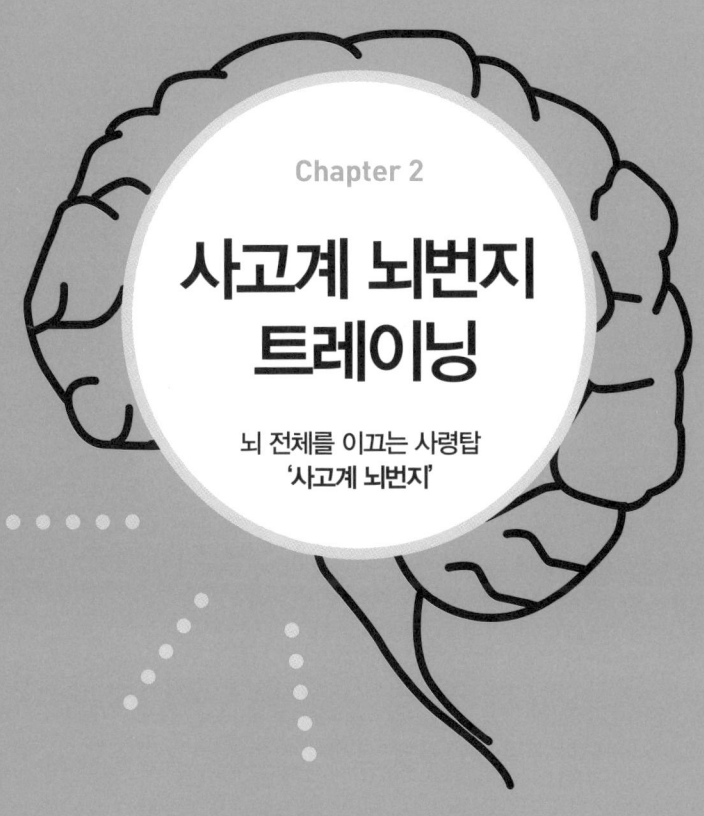

Chapter 2
사고계 뇌번지 트레이닝

뇌 전체를 이끄는 사령탑
'사고계 뇌번지'

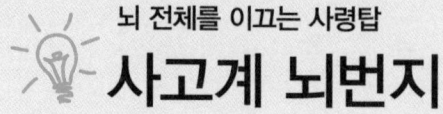
사고계 뇌번지
뇌 전체를 이끄는 사령탑

사고계 뇌번지는 좌뇌, 우뇌 각각의 전두엽 부분에 있다. 전두엽은 대뇌의 중심에서 조금 앞쪽에 있는데 사고와 의욕, 창조력 등 고도의 기능을 관장하는 부위다.

사고계 뇌번지의 특징은 '~하고 싶다'라고 강하게 희망하거나 집중력을 강화하는 기능이 모여 있다는 점이다.

좌뇌 쪽에 있는 뇌번지는 문자나 숫자 등 구체적이고 정확한 답을 도출하는 데 주로 사용된다. 반면 우뇌 쪽은 도형이나 이미지 등 명확한 답이 없는 경우에 기능한다.

이중 우뇌 쪽 뇌번지의 기능이 지나치게 강하면 사고가 애매하고 우유부단한 사람이 되기 쉽다. 반대로 좌뇌 쪽이 강하게 기능하면 사물을 기존의 지식이나 틀에 끼워 맞추려는 경향이 강해져서 융통성 없는 사람이 될 가능성이 있다.

사고계 뇌번지 중에는 의사결정을 담당하는 뇌번지(10번)가 있는데, 뇌 MRI 영상을 보면 의지가 강한 사람일수록 이 뇌번지의 가지가 굵은 것을 알 수 있다. 사고계 뇌번지가 잘 발달하는 직업으로는 경영자나 학자를 꼽을 수 있다. 특히 경영자는 주요한 결단이 요구되는 만큼 이 뇌번지가 발달한 사람이 많다.

한편, 사고계 뇌번지는 그 사람이 지향하는 미래 비전에 잘 반응하는 특징이 있다. '이기고 싶다', '돈을 벌고 싶다', '인기를 얻고 싶다'라는 의지가 강한 사람일수록 그 목표를 실현하기 위해 이해계, 청각계, 시각계, 기억계 뇌번지를 향해 '필요한 정보를 모으러 가라'고 명확한 지시를 내린다.

사고계 뇌번지는 오감을 관장하는 뇌번지와 강하게 연결되어 있으므로 구체적인 지시를 내리면 계속 좋은 정보가 모여서 목표 실현에 가까이 다가갈 수 있다. 즉 사고계 뇌번지는 '뇌의 사령탑'과 같은 존재라고 할 수 있다.

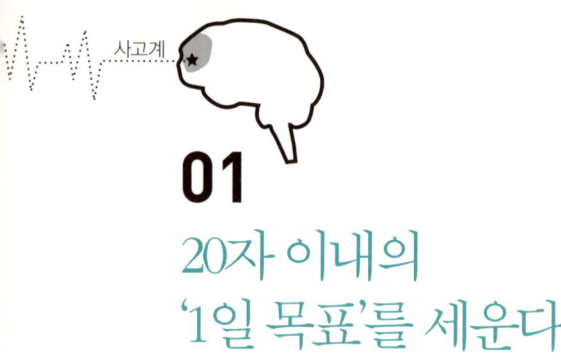

01
20자 이내의 '1일 목표'를 세운다

업무 능력이 뛰어난 사람들은 대개 일찍 일어나 신문과 책을 읽거나 이메일 쓰기가 습관화되어 있어 하루의 일을 효율적으로 진행한다.

하지만 "바쁜 시간대에 그런 지적인 활동을 할 여유가 없다!"라고 말하는 사람도 있을 것이다.

그런 사람은 매일 아침 집을 나서기 전에 하루의 목표를 세우고 그것을 20자 이내로 표현해보자.

예컨대, '실패해도 성공할 때까지 반드시 해낸다(16자)'라는 등의 문구로 정리하는 식이다. 이런 정도면 시간이 많이 들지 않으므로 스트레스를 심하게 받지 않으면서 트레이닝을 쉽게 시작할 수 있을 것이다.

그렇다면 이것이 사고계 뇌번지를 단련하는 데 어떤 영향을 미칠까?

보통 그날의 목표를 세울 때는 하루의 일정을 파악하고 나서 어떤 일정이 가장 중요한지, 그리고 그 일정을 어떻게 진행할 것인지를 생각한다. 이 일련의 시뮬레이션 작업이 사고계 뇌번지를 활성화시킨다.

또한 '20자'라는 제약을 두는 것에도 의미가 있다. 이런 제약이 붙으면 내용을 압축해서 표현하기 위해 적절한 단어를 선별하려 한다. 이 단어를 생각하는 작업 또한 사고계 뇌번지를 활발하게 움직이게 만든다.

한편, 이 트레이닝은 아침에 하는 것이므로 효과를 높이려면 충분한 수면을 취해야 한다. 충분한 수면은 머리를 맑게 해주기 때문이다. 당신도 생각이 정리되지 않았을 때 잠시 잠을 청하고 나니 머릿속이 맑아졌던 경험이 있을 것이다.

잠이 부족하면 뇌 기능을 충분히 활용할 수 없다. 아침부터 뇌를 백퍼센트 활용하려면 역시 충분한 수면이 필수다.

02
상대방의 장점 3가지를 떠올려본다

자신의 남편이나 아내, 친구나 회사 동료, 상사 등 주변 사람의 장점 3가지를 꼽아보는 트레이닝을 해보자.

이 트레이닝은 상대의 사람 됨됨이에 관해 깊게 생각할 수 있을 뿐만 아니라, 상대를 재평가함으로써 자신의 사고를 전환할 수 있다. 평소 사고 전환의 기술만 익혀두면 감정에 휘둘리는 사태를 최소한으로 억제할 수 있다.

이 트레이닝의 포인트는 '3'이란 숫자다. 이렇게 미리 숫자를 정해놓으면 평소 마음에 들지 않았던 사람이더라도 무리해서 3가지 장점을 찾으려 할 것이다.

'저 사람은 실언을 많이 해서 좋아하지는 않지만, 자기가 맡은 일은 책임을 지고 끝까지 해내는 사람이다. 또 늘 말끔한 옷차림을 하고 있고 책 이야기가 나오면 화제가 풍부하다.'

　이처럼 다소 억지스럽게라도 상대의 장점을 찾으려 노력하면 사고력 단련에 큰 도움이 된다. 게다가 이 트레이닝은 인간관계를 원만하게 만들어주는 효과도 있다.

　미국에서 성공한 백만장자 100명을 대상으로 조사를 해보았더니 그들에게는 공통점이 있었다고 한다. 그것은 상대의 장점을 인정하고 그 장점을 자기의 것으로 만들기 위해 노력했다는 점이다. 인간관계에서 장점을 보는 것은 일종의 능력이며, 그것을 말로 표현까지 할 수 있다면 대단한 능력을 갖춘 것이다.

　이 세상에 장점이 없는 사람은 없다. 어떤 사람을 만나더라도 장점을 보려고 노력하자. 이는 사고력을 키우는 훌륭한 뇌 트레이닝이 된다.

03
일주일에 하루는
잔업하지 않는 날로 정한다

일주일에 하루는 절대로 잔업을 하지 않는 날을 정하고 실천해 보자. 계속해서 같은 일을 하면 항상 같은 뇌번지를 사용하게 되므로 사고 전환이 원활하게 이루어지지 않는다. 그리고 아무리 애를 써도 업무효율은 떨어지기만 한다.

반면, 끝나는 시간을 분명히 정해놓고 일을 다 마친 뒤 다른 행동을 하면 지금까지와는 다른 뇌번지가 사용되므로 수월하게 사고를 전환할 수 있다. 이것을 나는 '뇌번지 전환(Shift)'이라고 한다. 이는 자신의 능력을 발휘하는 데도 큰 효과가 있다.

사고계 뇌번지에서 능력을 끌어내는 역할은 좌뇌의 뇌번지가 담당한다. 한편, 우뇌의 뇌번지에는 우유부단한 속성이 있어 시간이나 숫자로 구분을 짓지 않는 한 사고가 계속 같은 자리를 맴돌게 된다.

초등학생 시절, 여름방학에 작문 숙제가 있으면 누구나 '빨리 끝내 버려야지'라고 생각했을 것이다. 하지만 막상 쓰기 시작하면 문장이 전혀 생각나지 않아 손도 대지 못한 채 그대로 여름방학의 끝을 맞게 된다.

그 이유는 무엇일까?

명확한 시간설정 없이 작문 숙제를 해야 한다는 생각만 계속 우뇌 속을 맴돌기 때문이다.

그런데 개학 전날, 작문을 써야만 하는 상황이 되면 이상하게 문장이 술술 써진다. 그 글이 좋은지 아닌지는 다른 문제다. 이것은 자신에게 명확한 마감(제한)이 부과되었기 때문이다. 마감이 정해지면 그때까지 우뇌 속을 맴돌던 사고에 좌뇌가 가담해 잠재된 능력을 끌어낸다.

사고를 우뇌에서 놀게 하면서 내용을 채우는 것도 중요하지만, 시간 여유가 없는 상황에서는 일단 마감을 설정하고 작업을 진행해야 한다. 그 능력을 기르는 첫걸음으로 '절대 잔업하지 않는 날'을 정해서 실천해보자.

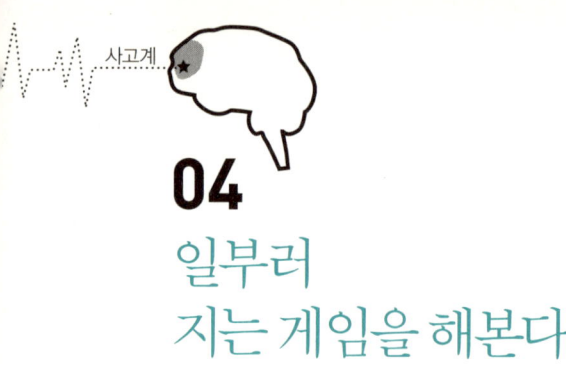

04
일부러 지는 게임을 해본다

　인간은 원래 남을 이기고 싶고, 남보다 높은 곳에 서고 싶은 의지가 강한 동물이다. 과거를 보아도 인류의 역사는 경쟁의 역사였으며, 현대에도 경쟁 기업 간의 점유율 다툼에서부터 지하철 안의 빈자리 차지하기에 이르기까지 인간은 항상 누군가와 경쟁해야 하는 상황에 부딪힌다.
　다른 누구보다 풍족한 생활을 영위하고 싶다면 '이기고 싶다'라고 생각하는 것은 당연한 일일지 모른다. 이기고 싶다는 생각은 오락에서도 예외가 아니다. 게임을 할 때는 당연히 누구나 상대를 이겨야 한다는 생각으로 임한다. 단, 이번에는 일부러 지는 게임에 도전해보자.

예를 들어 가위바위보 놀이를 할 때 상대가 가위, 바위, 보 중 하나를 내면 자신은 반드시 지는 것을 내미는 식이다. 대부분은 상대가 바위를 내면 무심결에 가위가 아닌 보를 내게 될 것이다. 이것은 '이기고 싶다'라는 사고가 뇌에 강하게 입력되어 있기 때문이다. 앞사람보다 나중에 내는데도 '진다'는 사고가 작동하지 않는 것이다.

또한 장기나 바둑은 상대의 다음 수와 그에 대한 대처법을 고려해 몇 수 앞을 읽어야 승부가 결정나는 경기다. 그래서인지 장기나 바둑을 즐기는 사람의 말을 빌리면, "패배를 전제로 두는 것은 상당한 실력자가 아니면 할 수 없다"라고 말한다. 사람은 항상 이기기 위한 최선의 방법만 생각하기 때문에 반대로 지기 위한 가장 나쁜 방법을 찾는 발상은 잘 안 될 수밖에 없다.

이처럼 일부러 지는 게임을 해보면 자신이 처한 상황을 다른 입장에서 파악하는 힘을 기를 수 있다. 명확한 관점의 이동은 사고계 뇌번지를 폭넓게 사용하는 데 도움이 된다.

05
정반대의 관점에서 생각해본다

 의사는 환자를 치료할 때 반드시 최악의 사태를 가정해서 생각한다. 최악의 사태란 환자가 치료 중에 죽을 수도 있다고 가정해보는 것이다. 이를 예방하기 위해 의사는 최악의 사태가 일어나지 않도록 위험 요소를 가정하고 그것을 해결하고 나서야 '이 치료 방법이라면 반드시 낫는다'라고 하는 사고로 넘어가는 것이다.

 이와는 반대로 '이 방법이라면 반드시 낫는다'라는 예상에서 출발하면 예기치 못한 최악의 사태를 맞을 수 있다. 치료하면 90퍼센트 치유되는 상황이라 하더라도 의사는 나머지 10퍼센트의 입장에서 정반대의 의견을 가정해 치유 확률이 100퍼센트에 가까워지도록 노력해야 한다.

이것은 비단 의사에게만 국한되는 이야기가 아니다. 어떤 일에 확고한 의견을 가지고 있더라도 자신의 의견과는 정반대의 의견 또한 생각해봐야 한다. 그렇게 해야 자신의 의견을 다른 각도에서 볼 수 있기 때문에 결과적으로 설득력이 더 높아진다.

이 훈련은 시야를 넓히는 방법이기도 하다. 자신의 생각에만 매몰되어 있으면 다른 생각은 들어올 틈이 없어진다. 일부러라도 반대의견을 예상해본다면 자기 생각에 묶이는 것을 막을 수 있다. 이처럼 여러 의견들이 머릿속에 있을 때 사고 기능이 매우 활성화된다.

나는 예전에 이 방법의 효과를 뒷받침하는 이야기를 들은 적이 있다. 성공한 경영자들 대부분은 신문기사나 TV 뉴스를 볼 때 해설자의 의견과는 반대 관점에서 생각하는 습관이 있다는 이야기였다. 회사를 경영하다 보면 자신의 결정에 간부가 이견을 제기하는 경우가 있기 때문에 그들을 납득시키기 위해 미리 질문지를 만들어 답을 생각하는 훈련을 하는 것이다. 이렇게 다양한 상황을 설정하고 사고하는 것을 나는 '사고 실험'이라 부른다.

사고 실험은 사물을 여러 각도에서 볼 수 있기 때문에 뇌에 강한 자극을 줄 수 있다. 사고 패턴을 가능한 한 다양하게 변화시켜 평소 사용하지 않는 뇌번지에 좋은 자극을 주려고 노력하자.

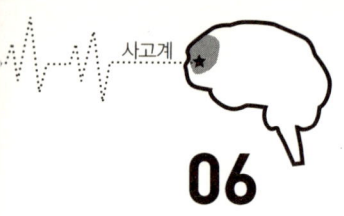

06
잠자기 전에 오늘 일 3가지를 기록한다

너무 바쁘게 생활하다 보면 "지난주 수요일에 뭐했어?"라는 질문에 바로 대답을 하지 못할 때가 있다. 마찬가지로 아침 일찍부터 밤늦게까지 반복적으로 일하다 보면 요일에 대한 감각이 없어지기도 한다. 이것은 하루하루를 잘 마무리하지 못했다는 방증이기도 하다.

하루를 잘 마무리하려면 어떻게 해야 할까?

하루를 마치기 전에 그날의 일들을 되돌아보는 시간을 가져보자. 단 몇 분이라도 상관없다. 무엇을 어떻게 정리해야 좋을지 모르겠다면 하루를 돌아보고 '가장 즐거웠던 일', '가장 힘들었던 일', '못다 한 일' 이 3가지를 떠올려 보고 그것을 기록하면 된다.

가령, 가장 힘들었던 일이 평소에는 30분 만에 끝냈을 일을 1시간이나 걸려 겨우 마쳤던 것이라면 왜 1시간이나 걸렸는지 그 원인을 찾는 식이다. 그 과정에서 '평소에는 5분 정도 휴식 시간을 갖는데 오늘은 그냥 지나쳤다'라는 사실을 깨달았다면 다음부터는 잊지 않고 휴식을 가지려고 할 것이다.

그리고 길어진 작업시간 때문에 피곤해서 일을 다 끝내지 못했을 경우, 다음 날은 어제 못한 일부터 시작할 것인지 아니면 평소대로 일을 시작하고 여유 있을 때 끝내지 못한 일을 할 것인지 등을 검토할 수 있다. 반대로 평소 1시간 정도 걸리는 작업을 30분 만에 끝냈다면 평소와 다른 점을 찾고 앞으로도 같은 결과를 내려면 어떻게 해야 할지 생각해보는 것이다.

잠들기 전에 그날 있었던 일을 되짚어보고 좋은 일이든 힘든 일이든 3가지만 짧게 기록해 보자. 설사 그것이 아주 짧은 시간일지라도 머릿속이 정리되어 사고력이 날로 높아진다.

07
가끔은 휴일 계획을 타인에게 맡긴다

얼마 전, 조카가 조르는 바람에 영화 〈포켓몬스터〉를 보러 간 적이 있다. 나는 평소 내가 보고 싶은 영화만 보는 버릇이 있던 터라 '이 나이에 포켓몬스터라니'라는 생각을 하며 억지로 갔다.

그런데 실제로 영화가 시작되자 그때까지 별로 내키지 않았던 기분은 거짓말처럼 사라지고 영화 속으로 푹 빠져들고 말았다. 그뿐만 아니라 중요한 사실도 발견할 수 있었다.

즉, 내가 시각적인 정보를 분석하고 처리하는 능력이 나도 모르는 사이에 많이 떨어져 있었다. 빠르게 바뀌는 영상에 내 뇌가 그 속도를 따라가지 못했던 것이다. 이 사실을 깨달은 것만으로도 내겐 큰 의미가 있었다.

이처럼 때로는 가족이나 친구, 연인 등 타인이 정한 일정을 따라가 보는 것도 사고계 뇌번지를 단련하는 트레이닝이 된다.

여행 계획을 세울 때도 마찬가지다. 당신이 가까운 곳에 가서 한 곳에 오래 머무르는 유형이라면, 가능한 한 장시간 기차로 이동하면서 이곳저곳을 둘러보는 계획을 세우는 것도 한 방법이다. 차창 밖으로 보이는 경치나 사람들과의 만남 등 예상 밖의 기쁨들을 맛보게 될 것이다.

다른 사람이 정한 일정에 맞추는 것은 바꿔 말하면 '사고 패턴'을 다른 사람에게 맡기는 것이다. 자신이었다면 절대로 선택하지 않았을 장소에 가거나 예상치 못했던 행동도 하게 된다. 그 의외성이 잠자고 있던 뇌를 강하게 자극한다.

우리는 일상생활에서도 늘 쉽게 사용할 수 있는 뇌번지만 사용하는 경향이 있다. 같은 뇌번지만 사용하면 특정 부분에만 부담을 주게 되고 피로도가 올라간다. 그 대신 주변 사람이 세운 계획대로 움직이면서 평소 사용하지 않던 패턴으로 사고하게 되면 '뇌번지 전환'이 일어나 뇌 기능을 활성화시킨다.

08
반드시 10분간 낮잠을 잔다

회사에서 기획안을 제출해야 하는데 아무리 머리를 싸매고 생각해도 좋은 안이 떠오르지 않는다. 게다가 시간이 지나면서 뇌가 피로를 느끼고 사고력은 둔해져만 간다. 이럴 때는 좀 더 효율적인 사고를 위해 시간을 정해놓고 생각을 전환할 필요가 있다.

사고를 전환시킬 수 있는 가장 간단한 방법은 일단 모든 것을 내려놓고 잠을 청하는 것이다. 시간은 10~15분 정도면 충분하다. 한번 잠을 자고 나면 지금까지 진행한 일에 지장이 생기지 않을까 걱정하는 사람도 있겠지만, 오히려 그 편이 일을 순조롭게 처리할 수 있다. 그 10분 동안 뇌가 온전히 쉬게 되어 사고는 강제로 온에서 오프로 전환된다. 따라서 생각에 더 이상 진척이 없다면 10분 정도 잠을 자는 것이 좋다.

사고 전환이 잘 이루어지지 않으면 뇌 혈압이 올라간 상태가 지속되어 쉽게 공황상태에 빠질 수 있고 결과적으로 수면 부족이나 심각한 불면증에 시달릴 수 있다. 실제로 불면증의 원인 중 하나가 특정 뇌번지를 지나치게 사용하는 것, 말하자면 긴장상태에서 이완상태로의 전환이 잘 이루어지지 못하기 때문이다.

이를 예방하기 위해서라도 하루에 10분씩은 반드시 낮잠을 자서 뇌의 온과 오프 상태를 의식적으로 전환하자. 사고를 조절하고 뇌 기능을 높이는 데도 쪽잠을 통해 뇌 혈압을 내리는 것이 매우 중요하다.

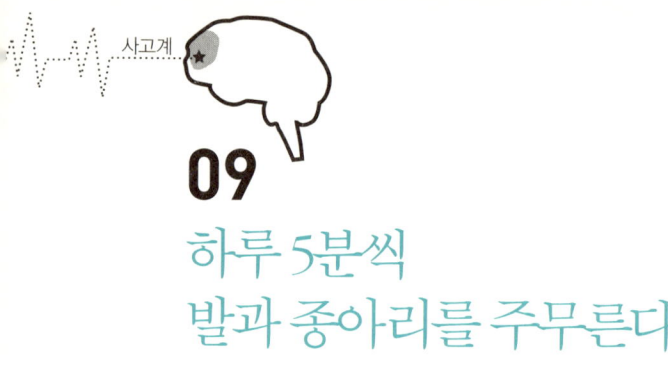

09
하루 5분씩 발과 종아리를 주무른다

만일 업무 중이나 공부를 하다가 치통이 오면 집중력을 유지할 수 있을까? 아마도 치통에 온 신경이 몰려 다른 일에는 집중할 수 없을 것이다.

그러면 집중력이 떨어지는 이유는 무엇일까?

뇌에는 '초전두야(Super flontal area)'라는 부분이 있는데, 2가지 이상의 일을 동시에 진행할 경우 일단 이곳으로 정보가 통합된다. 그런데 이가 아프기 시작하면 초전두야로 흘러가는 혈류가 순간적으로 증가하면서 치통에만 의식이 집중된다. 그 결과 다른 부분에는 주의를 기울이지 못하게 되는 것이다.

마찬가지로 단순히 어깨가 결리거나 가렵기만 해도 그 부위에 의식이 집중되어 사고력이 떨어지게 된다.

그럴 때를 대비해 사고력을 건강하게 유지하는 방법이 있다. 바로 하루 5분씩 발과 종아리를 마사지하는 것이다.

발·종아리 마사지로 사고력을 단련하는 것은 언뜻 관계가 없는 것처럼 보일 수 있다. 하지만 발과 종아리는 제2의 심장으로 불릴 만큼 중요한 인체 기관일 뿐만 아니라 뇌 부담을 줄이고 집중력을 높인다는 의미에서 효과가 크다.

혼자 발 마사지를 할 때는 볼펜이나 젓가락 등 끝이 뾰족한 물건으로 발가락 바닥이나 발바닥 부분을 꾹꾹 눌러주는 것이 좋다.

또한 종아리마사지는 기본적으로 종아리 아래에서 위로 향해야 한다. 구체적으로는 ①손바닥으로 아킬레스건부터 무릎 뒤쪽까지 쓸어준다, ②종아리 안쪽을 엄지손가락으로 꾹꾹 눌러준다, ③무릎을 세워 양손으로 아킬레스건과 무릎 안쪽의 중간 부분을 눌러준다, ④종아리 바깥쪽(복사뼈부터 무릎 바깥을 향해)을 눌러준다.

뇌가 긴장된 상태에서는 반신욕을 하는 것도 좋다. 상쾌한 기분으로 뇌를 사용하면 뇌에 부하가 걸리기 전보다 훨씬 쉽게 집중할 수 있다.

하루 5분의 마사지와 반신욕을 통해 몸이 충분히 쉴 수 있게 하자. 일도 공부도 훨씬 효율적으로 진행될 것이다.

> 뇌 칼럼

실전에 강한 사람이 되는 방법

　막상 승부를 내야 하는 상황에서 왠지 제 실력을 발휘하지 못하는 사람이 있다. 평소 연습 때는 잘 하다가도 왜 막상 실전에만 들어가면 제 기량을 다 보여주지 못하는 것일까? 흔히 이런 경우를 '정신력이 약하기 때문이다'라고 생각한다. 그러면 이 약한 정신력을 뇌번지의 관점에서 설명해보자.
　승부의 순간에 평소 실력을 발휘하지 못하는 것은 특정 뇌번지가 제 기능을 하지 못하고 우왕좌왕하기 때문이다. 그것은 바로 사고계, 감정계에 있는 두 개의 뇌번지(10번과 11번) 때문이다. 미간 안쪽에 있는 이 두 뇌번지는 감정 변화에 영향을 받아 동요하기 쉽다는 특징이 있다. 즉, 정신적으로 약하다는 말은 다르게 표현하면 뇌번지가 약하다는 의미다. 승부에 강한 뇌를 만들고 싶다면 사고계와 감정계, 이 두 개의 뇌번지를 강화하자.

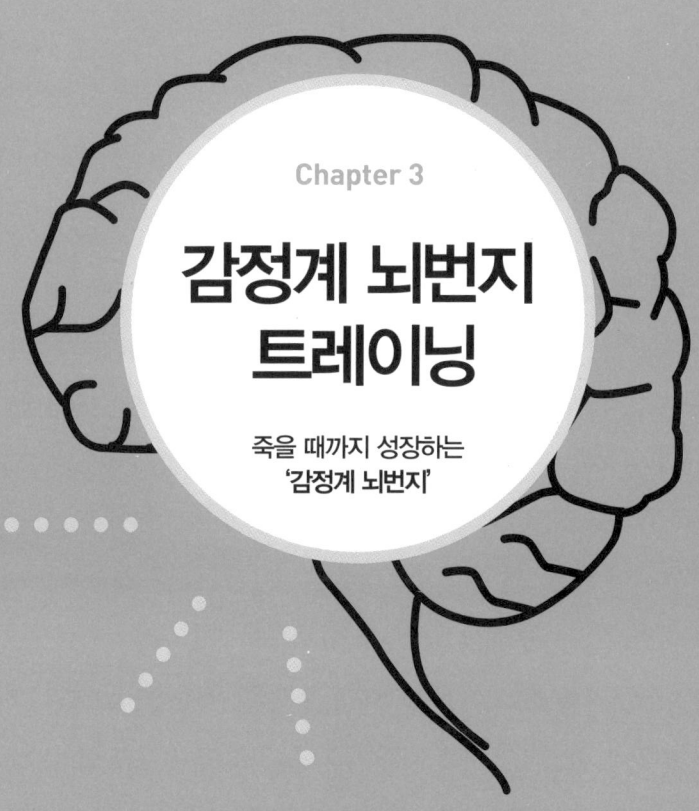

Chapter 3

감정계 뇌번지 트레이닝

죽을 때까지 성장하는
'감정계 뇌번지'

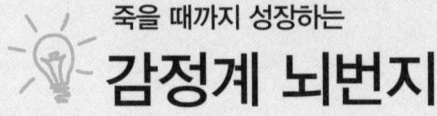
죽을 때까지 성장하는
감정계 뇌번지

뇌 안쪽 깊숙한 곳에는 감정을 좌우하는 편도체(amygdala)가 있다. 편도체는 감정계 뇌번지의 중심에 해당하는 부위다. 좌뇌 쪽 뇌번지는 '나는 당신을 좋아한다 혹은 싫어한다'라는 식으로 언어를 이용해 감정을 자극하지만, 우뇌 쪽은 '좋아할지도 모르고, 싫어할지도 모른다'와 같이 막연한 감정이 자극을 받는다.

감정계 뇌번지의 가장 큰 특징은 평생에 걸쳐 계속 성장하며 노화가 느리다는 점이다. 실제 MRI 영상을 보아도 감정계 뇌번지는 더디게 쇠퇴하며 100세까지도 계속 성장하는 것을 알 수 있다.

감정계 뇌번지가 가장 많이 발달하는 직업은 배우라 할 수 있다. 배우는 나이가 들면서 연기에 원숙미가 더해지는데, 이것도 감정 표현력이 계속 발달하기 때문이다. 그런데 감정 기복이 심하면 설사 인기 배우라 해도 사람들이 멀리하게 된다. 감정을 잘 표현하는 것도 필요하지만, 자칫 인간관계에 악영향을 줄 수 있으니 주의하자.

또한 감정계 뇌번지는 사고계 뇌번지와 상관관계에 있다. 즉, 가스버너(감정계)와 물이 담긴 주전자(사고계)의 관계와 같다. 가스버너를 켜면 가열되어 물이 끓고, 끄면 물도 차가워진다. 마찬가지로 사고를 활성화하려면 감정을 고양시키고, 냉정하게 사고하고 싶다면 감정을 억제하면 된다. 하지만 감정이 불안정할 경우 사고도 동요되어 바람직한 생각을 할 수 없게 된다. 이런 사태를 피하기 위해서라도 감정 기복이 심한 사람은 이 감정계 뇌번지를 단련해 평온한 기분을 유지하도록 해야 한다.

* 이 밖에 대뇌 안에 있는 A번지(편도체), T번지(시상), Hy번지(시상하부)가 포함된다.

10
오늘 하루는 절대 화내지 않기로 정한다

병이나 상처, 충치 등이 심해지면 많은 혈액이 뇌의 초전두야로 흘러간다는 것은 앞에서 설명했다.

초전두야에는 이렇게 몸에 이상이 있을 때뿐 아니라 화가 나거나 흥분했을 때도 많은 양의 혈액이 흘러들게 된다. 다시 말해 머리에 피가 몰리는 상태다.

당신 주변에도 쉽게 머리에 피가 몰려 사소한 일에도 바로 화를 내는 사람이 있을 것이다. 그들이 화내는 이유를 잘 살펴보면 피로나 어깨 결림, 하체 통증 등 신체 이상에 원인이 있는 경우가 많다. 몸이 안 좋으면 사고력이 떨어지고 그로 말미암아 감정이 쉽게 동요하기 때문에 분노나 불만의 감정이 자주 표출되는 것이다. 이것을 보아도 감정계 뇌번지와 사고계 뇌번지가 매우 밀접하게 관계되어 있다는 것을 알 수 있다.

원인이 무엇이든 사소한 일에 쉽게 화를 내면 인격까지 의심받을 수 있으며 사회생활에도 지장이 생긴다. 이를 피하려면 아침에 집을 나서기 전에 자신에게 이렇게 말하자.
'나는 오늘 어떤 일이 있어도 화를 내지 않겠다.'
'화가 날 때는 그 자리를 잠시 벗어나자.'
'다른 사람들에게 상냥하게 대하자.'
이렇게만 해도 초전두야에 하나의 목적을 부여하게 되어 사고나 감정 변화에 현혹되지 않고 평온한 상태를 유지할 수 있다.

덧붙이자면 뇌에는 지식을 얻는 곳과 감정을 조절하는 곳, 이렇게 두 장소가 있다. 그런데 지식인이라고 해서 모두 감정이 풍부하냐면 꼭 그렇지만은 않다. 실제로 머리가 좋아도 냉정한 성격의 사람도 많고 그 반대인 경우도 많다. 지식을 쌓는 것과 감정을 풍부하게 하는 것은 각각 별도로 훈련해야 하는 것이다.

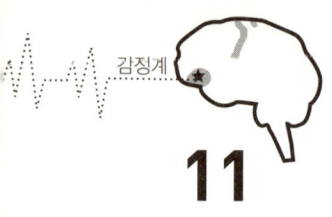

11
즐거웠던 일 베스트 10을 선정한다

살다 보면 늘 즐거운 일만 있는 것은 아니다. 때로는 괴로운 일도 있고 기분 나쁜 일도 있다. 어쨌든 눈앞의 일에 집중하려면 안 좋은 감정은 마음속에 묻어두고 곧바로 기분을 전환해야 할 필요가 있다. 시간은 사람을 기다려주지 않으므로 언제까지고 처진 기분으로 전전긍긍하고 있을 수만은 없다. 그럴 때는 과거의 즐거웠던 일을 떠올려보는 것도 기분 전환을 위해 좋은 방법이다.

가령 어릴 때 바다에서 마음껏 놀았던 기억이나 친구와 여행을 했던 기억 등 누구에게나 잊을 수 없는 추억 몇 가지가 있을 것이다. 즐거웠던 일들을 떠올리면 설사 기분 나쁜 일이 있어도 괴로움이나 고통을 완화시켜 기분을 전환할 수 있다.

기분이 우울할 때는 과거의 즐거웠던 기억들 중에 '베스트 10'을 뽑아 나열해보자. 이렇게만 해도 감정계 뇌번지를 단련하는 데 도움이 된다.

이 트레이닝은 과거의 기억을 이용해 의식적으로 현재의 감정을 조절하는 방법이다. 과거의 기억을 떠올리는 것은 즐거웠던 감정을 재현하는 것이므로 그 과정에서 감정계 뇌번지에 자극을 주게 된다.

한편, 즐거웠던 일을 떠올릴 때는 무엇이 즐거웠는지, 왜 즐거웠는지도 함께 생각해보자. 그렇게 하면 당시의 감정이 새로운 형태로 새겨져서 뇌가 더욱더 강화될 것이다.

12
평소 즐기는 일을
10일만 중단해본다

휴식 시간만 되면 담배부터 찾는 사람이 있다. 그러나 당신도 알다시피 담배의 효과는 일시적이며 그 이상은 기대할 수 없다. 건강에 해로운 것은 물론이고 집중력을 방해하고 초조와 불안감을 부추기는 등 일상생활에도 나쁜 영향을 미친다. 더군다나 담배에 함유된 니코틴에는 중독성이 있어 끊기도 어렵기 때문에 한 마디로 백해무익하다.

술 또한 많이 마시면 뇌세포가 죽는다는 것이 실험으로 증명되었으며 담배처럼 쉽게 중독되는 특징이 있다.

당신도 전날 과음으로 인해 다음 날 업무에 지장을 받은 경험이 있을 것이다. 몸에 이상이 생기면 뇌 기능도 둔해지므로 가능하면

과음은 피하는 것이 바람직하다.

그런데 사실 이런 기호품에 한번 익숙해지면 끊으려 해도 쉽게 끊을 수 없다. 그럴 때는 우선 '10일 동안'이라는 기간을 정해놓고 강제로 술과 담배 끊기에 도전해보자. 한동안은 괴로울 수 있다. 하지만 10일 동안만 끊는다는 생각으로 참다 보면 술과 담배에 의존하지 않고도 생활할 수 있음을 깨닫게 될 것이다.

이 트레이닝의 포인트는 유혹을 이겨내는 것뿐 아니라 감정계 뇌번지가 받는 스트레스를 가능한 한 줄이는 데 있다. 즉, 지금까지 아무런 불편 없이 누렸던 즐거운 감정을 조금만 제어하자는 의미다.

그밖에 커피나 단 음식 등 다른 것에 의존성이 있는 사람도 그것을 끊음으로써 같은 효과를 얻을 수 있다.

다만 이 트레이닝의 본래 목적은 뇌에 새로운 자극을 주었을 때 감정이 어떻게 변화하는가를 관찰하는 데 있다. 따라서 애써 좋아하는 것을 끊다가 스트레스를 받지 않도록 심신을 잘 조절하면서 적절하게 실행할 필요가 있다.

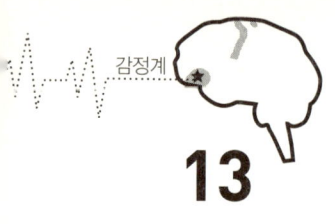

13
자신이나 타인의 칭찬 노트를 만든다

　때로는 무엇을 해도 자꾸만 실수를 한다거나 일이 좀처럼 안 풀리는 때가 있다. 그럴 때는 아무래도 심리적으로 위축될 수밖에 없다. 자신있게 행동해야 할 순간에 그만 포기하고 싶고, 평소라면 잘 해냈을 일도 쉽게 실수를 저지르게 된다. 그 결과 성공 체험은 줄고 실패 체험이 늘어나면서 기분은 점점 더 위축되고 계속해서 우울해지는 악순환에 빠지게 된다. 이 악순환에서 빠져나오려면 자신의 마음에 귀를 기울이고 있다가 기분이 우울해질 때는 바로 응급처치를 해야 한다.

　그러한 응급처치 중 하나가 바로 '칭찬 노트'다. 노트에 하루 동안 한 일 중 자신을 칭찬해주고 싶은 일을 적어두는 것이다. 아주 사소한 일이라도 상관없다.

'아침에 10분 일찍 출근했다!'
'술 한 잔 더 하고 싶었는데 참았다!'
'정시에 일을 끝마쳤다!'

주변 사람에게 칭찬받을 만한 일이 있었다면 그것도 적어두자.
'상사가 화를 내는데 참고 기다렸다가 나중에 차분하게 상황을 설명했다. 그 덕분에 오해도 풀리고 일도 잘 풀렸다.'

칭찬을 받아서 기분이 좋아지면 감정계 뇌번지와 연결된 사고계 뇌번지도 함께 자극을 받아 둘 사이에 좋은 순환이 생겨난다. 이렇듯 칭찬 노트는 감정계 뇌번지와 사고계 뇌번지 사이를 적절하게 유지하는 수단이기도 하다.

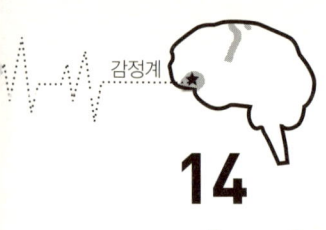

14
새로운
미용실을 개척한다

　뇌는 항상 도전을 계속해야만 성장할 수 있는 기관이다. 뇌는 늘 새로운 체험을 원한다. 도전이라고 해서 어렵고 거창한 것은 아니다.

'지금까지 가보지 않았던 곳에 가기'
'평소와 다른 색의 옷 입기'
'머리 스타일을 새로 바꾸기'

이처럼 사소한 것만으로도 충분하다.
머리 스타일에 변화를 주고 싶어도 실패가 두려워서 큰 결심이 필요한 사람들이 많다. 그렇지만 이미지 변신에 성공한다면 주변 사람들에게 신선한 인상을 줄 수 있고 무엇보다 기분이 확실하게 전환되므로 도전해볼 가치가 충분하다. 나아가 어차피 머리 스타일을 바꿀 생각이라면 미용실까지 바꿔보는 것은 어떨까? 이렇게 하면 커트의 성공 여부가 처음 만나는 미용사의 솜씨에 달려 있어 제법 긴장이 될 수 있다. 실패할 경우 뒷수습이 다소 걱정되기는 하지만, 실패하든 성공하든 자신의 감정이 크게 동요하리란 점은 확실하다. 이것이 감정계 뇌번지에 좋은 자극을 주게 될 것이다.

그리고 미용실을 바꾸면 새로운 개성을 가진 미용사를 만날 수 있다. 사람에게는 각각 개성이 있으며, 개성이 다르면 변화 방법도 다른 법이다. 따라서 자신에게 없는 것을 지닌 사람과의 만남은 뇌를 자극하는 데 매우 좋다. 그들은 자신과는 다른 뇌번지를 사용하기 때문에 깊이 있는 대화를 하면 지금까지와는 다른 감정의 변화를 느낄 수 있다.

이러한 감정 체험은 능력을 향상시키는 데 매우 중요하다. 능력 향상에는 지적인 체험도 필요하지만, 감정이 동요할 만한 체험도 해야 한다.

15
식물에게
말을 걸어본다

애완동물과 얘기를 나누는 것은 그럴 수 있다고 끄덕이면서도 식물에게 말을 거는 것은 생소하게 느껴진다는 사람이 많다. 하지만 농사 짓는 사람들이 농작물을 키울 때 말을 건네는 것은 흔한 일이며, 실제로 "사랑으로 키우면 맛도 좋아진다"고 주장하는 사람도 있다.

마찬가지로 집에서 기르는 식물이나 선인장도 말을 걸면서 키우는 편이 잘 자란다고 한다. 나도 실제로 해본 적이 있는데 혼잣말로 '오늘은 기운이 넘쳐 보이는데', '상태가 조금 안 좋아 보이네, 물이 부족한가?'라고만 해도 확실히 눈앞의 식물이 그때까지와는 전혀 달라 보였다.

대화와 식물의 생육 사이에 어떤 과학적인 인과관계가 있는지는 알 수 없다. 하지만 말 못하는 대상이라고는 해도 끊임없이 마음을 나눔으로써 식물과 인간 사이에 상호작용이 이루어진다면 그것이 곧 성장 에너지가 되지 않을까?

무엇보다 식물과 대화를 나누는 것 자체가 감정계 뇌번지에 좋은 자극을 준다. 이야기를 하면서 감정 표현을 할 수 있기 때문이다. 또한 마음이 평온해지는 효과도 있다.

일을 마친 직후는 뇌가 흥분되고 감정이 고양된 상태다. 이때 식물에게 말을 걸면 흥분되었던 뇌가 진정된다. 반신욕이나 아로마요법도 기분을 안정시켜주지만, 식물과 대화하는 것도 충분한 휴식 효과를 얻을 수 있다.

이 트레이닝은 감정계 뇌번지뿐만 아니라 식물의 건강상태를 살피게 되므로 시각계 뇌번지도 자극을 받는다.

대화 상대로 개나 고양이 같은 애완동물도 좋지만 어항 속 열대어도 좋다. 집에서 기르는 고양이에게 그날의 일을 이야기하거나 열대어에게 먹이를 주면서 "맛있게 먹는구나"라고 말을 걸어도 좋다. 동물은 반응을 보여주기 때문에 식물보다는 많은 교감을 나눌 수 있다는 장점이 있다.

16
친구나 지인의
표정을 살펴 이야기해본다

직장에서 항상 얼굴을 마주하는 사람인데 '오늘은 왠지 평소와 다른데'라는 느낌을 받을 때가 있다. 머리 스타일이나 넥타이처럼 변화 이유가 분명한 경우도 있지만 어딘가 모르게 달라진 듯한 막연한 느낌이 들 때도 있다.

후자와 같이 사람의 표정이나 분위기에서 변화를 감지하는 것은 감정계 뇌번지의 기능이다. 그럼 이 감지 능력을 향상시키는 트레이닝을 해보자. 어떤 사람과 만났을 때 순간적으로 느낀 상대의 컨디션이나 심리상태를 전달해보는 것이다.

"오늘은 왠지 많이 피곤해 보여요."

"기분이 좋아 보이는데 무슨 일 있나요?"

"감기 걸렸어요? 아파 보이네요."

"뭔가 따분한 표정인데."

이런 느낌으로 말이다.

의상, 표정, 목소리나 피부 상태, 긴장 정도 등 말을 하지 않아도 감지할 수 있는 정보는 많다. 이런 다양한 정보에 주목하면서 상대에게 받은 인상을 전달해보자.

여기서 포인트는 순간적인 느낌을 말하는 것이다. 물론 충분히 관찰하면 더 확실한 변화를 발견할 수 있겠지만, 짧은 시간에 상대방의 속마음을 알아내야 감정계 뇌번지의 기능을 향상시킬 수 있다.

뇌 칼럼

질투와 동경은
뇌에 어떤 영향을 미칠까?

인간은 무의식중에 타인의 능력이나 성공을 질투하는 성향이 있다. '내가 더 실력이 뛰어난데!', '어째서 A만 좋은 아이디어를 내는 거지!', 이런 식으로 생각하면 아무것도 얻을 수 없다. 또한 지나친 질투심은 뇌에 나쁜 영향을 미치기도 한다.

질투를 하면 뇌 전체가 열이 나서 고도의 정보처리를 하는 초전두야의 혈압이 오르게 된다. 그러면 뇌의 산소효율이 악화되어 복잡하거나 깊은 사고를 할 수 없게 된다.

반대로 다른 사람을 동경하게 되면 초전두야가 차분해져서 뇌의 산소효율이 좋아진다.

이는 타인에 대한 감정이란 점에서는 같지만 그 사람을 동경하는가, 질투하는가에 따라 뇌가 받는 부담은 완전히 달라진다는 점을 잘 보여준다.

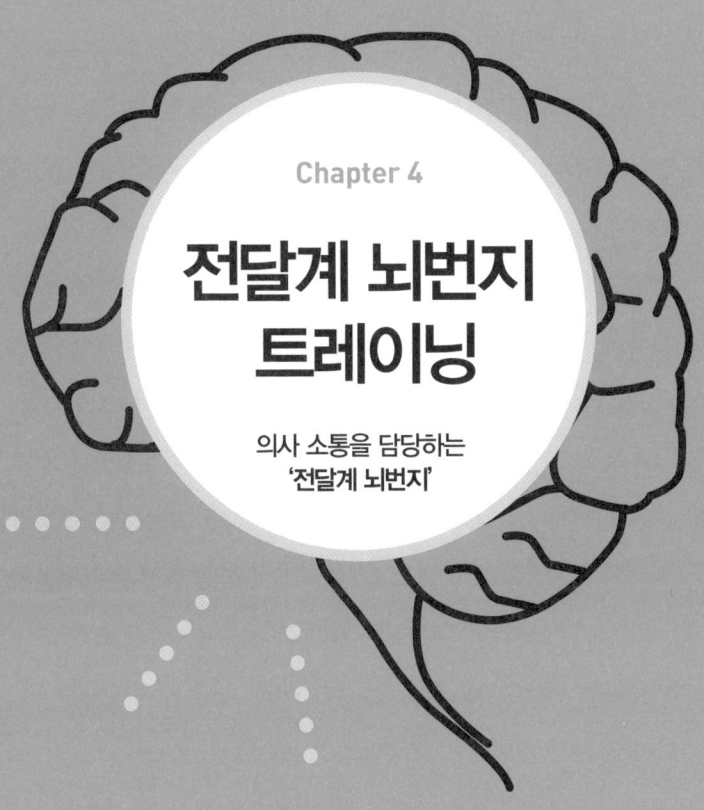

Chapter 4
전달계 뇌번지 트레이닝

의사 소통을 담당하는
'전달계 뇌번지'

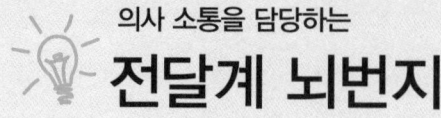

의사 소통을 담당하는
전달계 뇌번지

'전달'이란 언어에 의한 전달만을 의미하지 않는다. 종이에 글자를 적고 손을 이용해 제스처를 하는 등 누군가에게 무언가를 전달하고 싶을 때 사용되는 모든 행위가 전달계 뇌번지가 하는 일이다.

전달계 뇌번지는 크게 언어로 전달하는 언어계와 도형이나 영상 등으로 전달하는 비언어계 두 종류로 나뉜다. 말했듯이 언어 사용은 좌뇌에 의존해서 언어로 전달할 때는 좌뇌의 전달계 뇌번지가, 비언어는 우뇌의 전달계 뇌번지가 작동한다. 즉, 좌뇌 쪽 뇌번지가 발달한 사람일수록 달변가 성향이 강하다고 할 수 있다.

또한 전달계 뇌번지와 그 뒤에 있는 이해계 뇌번지, 그리고 청각계 뇌번지는 매우 깊은 관계가 있다. 인간은 청각계 뇌번지를 통해 사물의 소리나 상대의 이야기를 듣고, 끄덕이거나 맞장구를 치면서 이해계 뇌번지에서 이해를 심화한다. 그리고 이 작업으로 얻어진 정보는 전달계 뇌번지로 보내져 전달의 재료가 된다.

그런데 아무리 대화 나누기를 좋아하는 사람이라도 계속 말을 하다 보면 피곤함을 느끼게 된다. 그럴 때는 의도적으로 듣는 입장이 되어 보는 것이 좋다. 역할을 교대하면 전달계 뇌번지에서 청각계 뇌번지로 의식이 전환되어 상대의 이야기를 쉽게 받아들일 수 있기 때문이다.

전달계 뇌번지가 발달하는 직업은 영업과 판매에 종사하는 사람이나 사회자 등이다. 재미있는 점은 승려와 목사도 여기에 속한다는 것이다. 이들은 모두 자신이 말하고 싶은 것을 정확하게 이해시켜야 하는 직업이므로 자연히 전달계 뇌번지가 강화될 수밖에 없다.

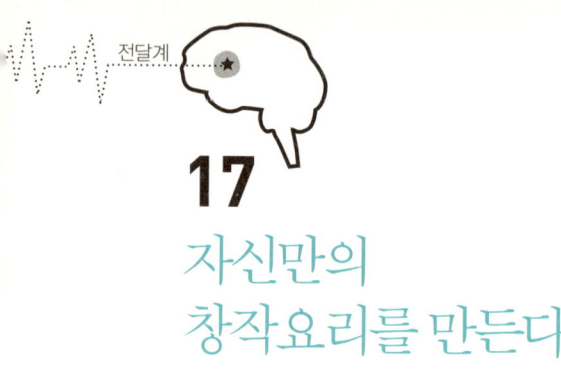

17
자신만의 창작요리를 만든다

'전달'이라고 하면 대개는 '언어'를 떠올릴 것이다. 물론 틀린 답은 아니지만, 언어에 의한 전달만이 커뮤니케이션의 전부는 아니다. 손짓 발짓으로 자신의 의사를 전달하기도 하고 상대의 눈을 보고 의사 표시를 하는 경우도 있다. 이처럼 커뮤니케이션은 언어 이외의 다양한 요소를 포함한다. 뇌에는 이 같은 전달력을 향상시키는 전달계 뇌번지가 존재한다. 이 뇌번지를 중점적으로 단련하면 상대의 기분을 정확히 추측하여 이야기하거나 사람들 앞에서 어렵지 않게 연설을 할 수 있게 된다.

그럼 전달계 뇌번지를 발달시키려면 어떤 훈련을 해야 할까?

주위에는 말주변이 없어서 고민하는 사람들이 의외로 많다. 나는 그들에게 우선 누군가를 위해 창작요리를 만들어보라고 추천한다. '창작요리와 전달력이 무슨 관계가 있지?'라는 의문이 들겠지만, 여기에는 그럴만한 이유가 있다.

기존에 없는 새로운 요리를 만들 때는 어떤 식으로 완성될지 상상하기가 어렵다. 그렇다고 실패한 요리를 그대로 내놓을 수도 없는 일이다. 그래서 대부분은 '어떻게 조리하면 맛있게 될까?', '저 사람은 분명히 싱겁게 먹을 거야', '반찬이 많은 것보다 깔끔한 상차림을 좋아할 거야' 등 여러 가지를 고려하며 요리를 한다.

따라서 창작요리를 만드는 것은 곧 상대를 배려하는 것이라 할 수 있다. 요리가 좋은 평을 받는다면 상대와의 유대도 강해지고 상대의 마음을 사로잡는 계기가 되기도 한다. 그런 의미에서 창작요리는 최고의 커뮤니케이션 도구다. 상대를 어떻게 생각하고, 어떻게 대하고 있는지 말하지 않아도 전달되는 것이다.

그 과정에서 요리가 자신과 상대를 이어준다는 생각을 하게 되는데, 이 생각이야말로 전달계 뇌번지를 자극하는 발상이다. 요리로 상대를 대접하기 위해 생각에 생각을 거듭하는 것은 문제해결의 순서를 생각하는 것이다. 한편, 상대에게 자신의 의사를 전달하는 것도 생각을 언어로 바꾸는 작업이다. 따라서 요리를 만드는 것은 이론적인 사고를 단련하는 훈련이기도 하다.

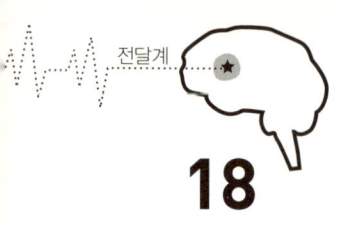

18
단체경기에 적극적으로 참여한다

　축구나 야구, 배구와 같은 단체경기는 개인기만 뛰어나다고 이길 수 있는 종목이 아니다. 특히 축구는 동료 선수가 생각지 못한 위치로 패스하면 곧바로 상대팀에게 볼을 빼앗기게 된다. 패스를 골로 연결시키고 싶다면 지금 처한 상황을 순간적으로 판단하여 동료가 원하는 위치로 패스해야 한다.

　이것은 커뮤니케이션에도 적용할 수 있다. 전달력이 뛰어난 사람일수록 이야기의 흐름을 순간적으로 판단하여 정확한 언어로 전달하는 능력이 출중하다. 이 능력은 대화뿐만 아니라 편지나 이메일을 쓸 때, 요리를 만들 때, 누군가에게 선물을 보낼 때도 발휘된다.

이처럼 단체경기와 커뮤니케이션에는 공통점이 있다. 축구나 야구 경기를 하면 자연스럽게 전달계 뇌번지가 단련된다. 단체경기에 참가하면 상황 변화에 유연하게 대응하는 힘을 기를 수 있는데 이것도 전달계 뇌번지를 단련하는 데 매우 중요한 요소다. 축구에서는 시합 중에 숨 가쁘게 포지션이 바뀌고, 야구에서도 타순이나 수비 포지션이 변하면 선수에게 요구되는 역할이 크게 달라진다. 주장으로 발탁되면 팀을 이끌어가는 통솔력이 필요하지만 2군으로 밀려나 시합에는 나가지 못해도 같은 팀원을 고무하는 등 다양한 역할이 요구된다.

이러한 상황 변화에 맞춰 유연하게 대응하는 사람은 틀림없이 팀에 없어서는 안 될 인재가 될 것이다.

직장에서도 상사에게 지시를 받는 입장이었다가 갑자기 신입 직원을 부하로 두게 되면서 리더십을 발휘해야 하거나, 갑작스런 부서 이동으로 업무 내용이 달라지는 등 상황이 변할 수 있다. 이 때 상황변화에 잘 적응하고 그에 적합한 커뮤니케이션이 가능한지 여부에 따라 업무 성과와 그 사람에 대한 평가가 완전히 달라질 것이다.

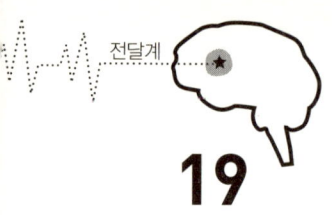

19
상대방의 말에 3초의 틈을 두고 대답한다

예전에 '인간의 뇌는 얼마나 오래 기다릴 수 있는가'라는 주제를 가지고 실험을 한 적이 있다. 피험자에게 그림 A를 보여준 후 다음과 같이 지시했다.

"계속해서 그림 B가 나옵니다. 그때까지 그림 A를 잘 보고 기억해주십시오. 나중에 어떤 그림이었는지 설명하면 됩니다."

'다음 그림이 나온다'라는 지시가 있었으므로 이 사람의 뇌는 대기하는 동안에도 계속 산소를 태우며 활동하는 상태가 된다. 이 실험에서는 그림 B가 나오기까지의 시간을 조금씩 늘려가며 뇌가 어떻게 작동하는지 조사했다. 그 결과, 인간의 뇌는 아무리 길어도 6초 정도밖에 기다리지 못한다는 사실을 알게 되었다. 뇌는 그림

A가 나온 후 6초 동안은 쉬지 않고 계속 일했지만, 그 이상 시간이 지나면 움직임이 둔해졌다. 인간의 뇌가 하나의 정보를 계속해서 처리할 수 있는 것은 5~6초가 한계인 것이다.

나는 이 결과를 전달계 뇌번지 트레이닝에 응용할 수 있을 거라 생각했다. 타인과 대화를 할 때 상대가 이야기하고 나면 의도적으로 잠시 쉬게 하는 것이다. 이때 5~6초 동안 아무 말도 하지 않는 것은 지나치게 긴 시간이기 때문에 3초로 시간을 정했다. 3초 정도 쉬고 나서 말해보면 상대의 반응이 달라진다는 사실을 깨닫게 될 것이다.

예를 들어 동의를 구하는 데 3초간 아무 말 없다가 "글쎄요"라고 답하면 상대는 불안을 느끼게 된다. 또한 의견 차이로 말다툼이 벌어졌을 때 일부러 3초간 침묵하면 분노가 가라앉기도 한다. 말다툼이 한창일 때는 서로가 상대의 말을 가로막기 때문에 대화와 소통이 단절되는데, 그 순간 한숨 쉴 수 있는 틈을 만들어 의견을 나누며 서로의 이해를 구하는 것이다.

뿐만 아니라 3초의 틈을 두면 상대방의 감정 변화도 쉽게 감지할 수 있다. 그 결과 '왠지 안색이 달라졌는데, 표현을 달리 해보자'라는 등 다른 시도를 하게 된다. 이는 전달계 뇌번지의 기능이 크게 향상되는 결과를 낳는다.

20
3가지의 선택지를 가지고 질문한다

지금 당신 앞에 말주변이 없어 자기 의견을 잘 표현하지 못하는 부하직원이 있다고 하자. 그에게 "리포트는 언제 제출할 건가?"라고 재촉하면 머뭇거리기만 할 뿐 명확한 답을 하지 못할 것이다. 대신에 "이번 달 안으로? 아니면 다음 달 초나 말?" 하고 복수의 선택지를 준비해서 물으면 부하직원은 "다음 달 초에는 제출하겠습니다"라고 쉽게 답할 수 있다.

이처럼 미리 준비된 선택지를 가지고 질문하는 것은 상대를 편하게 해줄 뿐 아니라 질문자의 전달력을 향상시킬 수 있다.

여기서 선택지를 3가지로 준비하라고 한 것은 명확한 숫자를 제시해야 뇌가 쉽게 생각을 정리하기 때문이다. 앞에서 언급한 바와 같이 뇌는 숫자로 제시했을 때 쉽게 인식하는 특징이 있다.

또한 선택지를 3가지로 정해두면, 2가지밖에 떠오르지 않을 때 뇌 스스로 '아직 무언가 더 있지 않을까' 하고 찾게 된다. 이 사고법을 익히면 어떤 사람과도 의사소통이 가능해지므로 커뮤니케이션의 폭이 넓어진다.

이 트레이닝은 업무에도 많은 도움이 된다. 예컨대 회의를 할 때 머릿속으로 미리 '그 자리에서 결정한다', '내용을 좀 더 보완한다', '이야기가 복잡해지면 중단한다'라고 3가지 선택지를 준비해서 발언하면 막힘이 없다.

그리고 앞으로의 계획을 제시할 때나 중요한 이야기를 할 때도 '상대에게 최악의 조건은 이것', '가장 좋은 조건은 이것', '현실적으로 상대가 납득할 수 있는 타협점은 이것' 하고 상대가 생각할 수 있는 패턴을 미리 읽게 된다.

업무 전달력을 향상시키고 싶다면 평소 대화를 나눌 때부터 선택지를 제시해가면서 이야기를 나눠보자. 실제 업무 현장에서 그 효과를 실감할 수 있을 것이다.

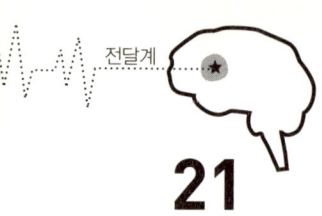

21
부모님께 자신의 목표를 이메일로 보낸다

명확한 목표를 세우면 일상생활에서 큰 동기부여가 된다. 목표를 이루려면 노트에 적으라는 사람도 있는데 나는 그것만으로는 충분하지 않다고 생각한다.

목표가 있다면 그것을 소중한 사람들에게 언어로 정확하게 선언하는 편이 가장 바람직하다. 누군가에게 말로 선언하면 실현하려는 의지가 강해지기 때문이다. 게다가 그 말에 상대가 가치 있는 조언을 들려준다면 실현 가능성은 한층 더 커진다. 만일 다른 사람에게 말하는 것이 부끄럽다면 부모님에게 목표를 말해보자.

전달 수단은 이메일이나 편지가 좋겠다. 부모란 자신과 가장 가까운 존재로, 줄곧 나를 지켜봐온 분들이다. 크게 상식을 벗어난 목표가 아닌 한 진지하게 들어줄 것이다.

    단, 여기서 목표를 어떻게 설명할 것인지의 문제가 생긴다. '왜 그 목표를 세웠는가?', '어떻게 실현할 것인가?', '실현하려면 무엇이 필요한가?' 등을 조리 있게 설명해야 한다.

    예컨대 당신의 목표가 '시스템엔지니어(system engineer)'가 되는 것이라고 하자. 부모님 세대는 이 직업에 대해 잘 모를 수 있다. 먼저 이 직업이 어떤 것인지에 대한 구체적인 설명부터 시작해야 한다.

    이 트레이닝은 연령대가 다른 상대에게 자신의 생각을 전달한다는 점과 그것을 이해하기 쉽게 문장화한다는 이중의 과제가 요구되기 때문에 다소 어려울 수 있다. 하지만 이 과제를 준비하는 과정에서 목표가 좀 더 구체화될 뿐 아니라 전달력도 키울 수 있는 좋은 기회가 될 것이다. 덤으로 부모님의 신뢰까지 얻을 수 있으니 일석삼조가 아닐까!

22
상대가 말할 때
특유의 말버릇을 찾아본다

사람마다 자기만의 말버릇이 있다. 화제를 바꿀 때 반드시 "덧붙이자면"이라고 말하는 사람, 상대가 이야기하면 "과연!"을 연발하는 사람, "~해야지"라고 말하면 되는데 "해보이고야 말겠어!"라고 말하는 사람도 있다.

이제부터 다른 사람과 이야기할 때 상대의 말버릇을 찾으면서 대화를 해보자. 이렇게 키워드를 찾으면서 상대의 이야기를 듣는 것은 전달계 뇌번지를 단련하는 데 큰 효과가 있다.

전달계 뇌번지는 상대방에게 무언가를 전달할 때뿐 아니라 다른 사람으로부터 정보를 얻고자 할 때도 자극을 받는다. 그러므로

'말버릇을 찾겠다'라는 목적을 정해두면 뇌는 필사적으로 핵심을 찾게 되고 그 단어를 발견하면 전달계 뇌번지가 곧바로 반응한다.

가령 상대가 대화 중에 "덧붙이자면"을 연발한다는 사실을 깨닫게 되면 그것에 주의를 기울이며 이야기를 듣게 된다. 그러다가 실제로 "덧붙이자면"이 나오면 상대가 꼭 보충해두고 싶은 말이 있거나 진심을 다해 말할 때 그 말을 사용한다는 것을 알게 된다. 보통 이러한 말버릇이나 특유의 문구는 하나만 있는 게 아닐 것이다. 말버릇을 찾는 데 어느 정도 익숙해지면 여러 개를 염두에 두고 이야기를 들어보자. 그만큼 자신의 전달 기술도 향상될 것이다.

사실 문장을 읽을 때도 뇌는 동일한 반응을 나타낸다. 경제·금융계 잡지를 읽을 때 '자금 세탁(money laundering)'이란 단어에 주목하려고 마음먹으면 자연스럽게 기사 속의 '자금 세탁'이란 문자가 눈에 들어오게 된다. 나아가 신문이나 인터넷 등을 볼 때 '자금 세탁'이란 단어에 민감하게 반응한다. 이처럼 핵심 문장을 찾으면서 사람이나 정보에 접촉하는 것만으로도 당신의 전달력을 확실히 향상시킬 수 있다.

23
카페 직원에게 자연스럽게 말을 걸어본다

예전에 한 카페에서 노트북을 사용하고 있는데 옆자리에 앉아 있던 외국인이 내게 말을 걸어온 적이 있다. 그는 노트북 화면에 비친 뇌 영상을 보고 "재미있는 영상이네요"라고 말했고, 이후 우리는 많은 이야기를 나누었다. 내가 문득 그에게 어디서 왔는지 묻자 그는 이스라엘에서 왔으며, 근처에 있는 통신업체 대표라고 했다. 이런 경위로 명함을 교환한 우리는 지금까지 만남을 이어오고 있다.

나는 이 경험을 통해 카페에 들어가 모르는 사람에게 말을 걸면 전달력 트레이닝이 된다는 것을 깨달았다. 하지만 다른 손님에게 갑자기 말을 거는 데는 적잖은 용기가 필요하다. 그래서 생각한 대

안이 카페 직원에게 말을 거는 것이다. 음료를 주문할 때 "이 커피의 산지는 어디입니까?", "추천할 만한 메뉴는 무엇입니까?"라고 말을 거는 것부터 시작해보면 어떨까?

이 트레이닝은 생각보다 매우 간단하고, 효과적이다. '연습 없는 실전'이기 때문이다. 모르는 사람에게 말을 걸 때는 성격이나 입장, 처지 등 그 사람에 관한 예비지식이 전혀 없어서 사전에 상대의 반응을 읽을 수가 없다. 그 때문에 전달계의 뇌번지가 풀가동하게 된다.

나는 국제학회에서의 영어 스피치를 통해 연습 없는 실전 전달력을 트레이닝하고 있다. 단상에 홀로 서서 각국의 학자들을 상대로 영어로 이야기한다. 시간으로 따지면 10분 정도의 짧은 순간이지만, 번지점프에서 뛰어내리는 것만큼의 많은 용기가 필요하다.

영어가 유창하지 않아도 말을 해야 하며, 무엇보다 내용 있는 이야기를 전달해야 한다. 이는 이른바 스파르타식 전달력 트레이닝이라 할 수 있다.

뇌가 크면 머리가 좋을까?

머리가 좋고 나쁨이 뇌의 크기로 결정된다고 생각하는 사람이 있는데 이것은 오해다.

남성의 뇌가 여성의 뇌보다 평균 100그램 정도 무겁다는 데이터가 있지만, 남성이 여성보다도 뛰어나다고는 할 수 없다. 또한, 대뇌 반구가 거대화되는 '거뇌증'이란 병이 있는데, 이 병을 앓는 사람들이 특별한 능력을 지닌 것도 아니다. 따라서 뇌가 좋고 나쁨은 1장에서 설명한 '뇌의 가지'로 결정된다고 생각하는 것이 타당하다.

단, 뇌번지의 경우 클수록 좋은 것도 있다. 바로 해마다. 해마는 쉽게 위축되거나 상처 입는 섬세한 조직이지만 순조롭게 자란 해마는 모양도 예쁘고 크다. 나는 해마가 크게 자란 뇌 영상을 보면 지성을 느낀다.

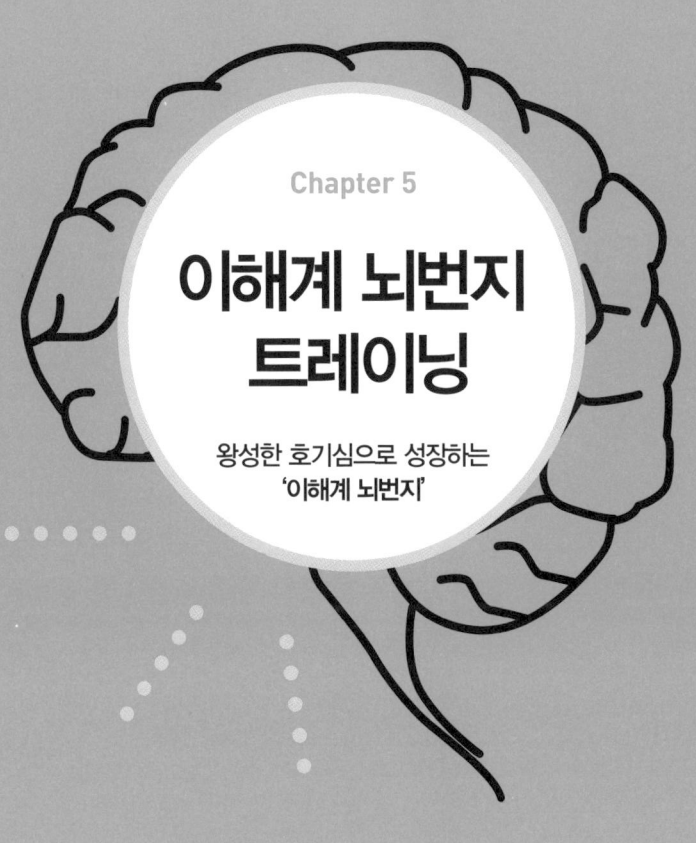

Chapter 5
이해계 뇌번지 트레이닝

왕성한 호기심으로 성장하는
'이해계 뇌번지'

왕성한 호기심으로 성장하는
이해계 뇌번지

눈과 귀로 습득한 정보를 이해하려면 이해계 뇌번지의 기능이 필요하다. 일상생활에서는 상대의 말을 액면 그대로 이해하는 경우와 '분명 상대는 이런 말을 하고 싶었을 것이다'라고 추측해서 이해하는 경우가 있는데 둘 다 이해계 뇌번지의 역할이다.

이렇듯 사람의 이해 방식은 들은 대로 이해하거나 말하지 않아도 추측으로 알 수도 있다. 따라서 이해의 폭을 넓히면 좀 더 깊고 폭넓게 이해할 수 있고 그만큼 인간으로서의 폭도 넓어진다.

그런데 자신이 경험한 범위 내에서만 이해하려는 사람은 뇌 관점에서 보면 손해일 수밖에 없다. 현재의 이해계 뇌번지만을 동원해 모든 사물을 파악하려 하기 때문이다. 결국 외부에서 새로운 정보가 들어와도 이해하지 못하고 스스로 활용 범위를 좁히게 된다.

그렇다면 이해계 뇌번지를 활성화하고 성장시키려면 어떻게 해야 할까? 이를 위해서는 자신의 이해력이 가장 크게 향상된 시기가 언제였는지 생각해보고, 그 당시의 기분으로 생활해야 한다. 내 경우에는 28세를 전후한 시기에 이해력이 가장 크게 향상되었다. 그래서 지금도 뭐든지 알고 싶어 했던 당시의 기분을 떠올리며 그 의식을 유지하려 노력하고 있다.

이처럼 아직 모르는 것이 많고 호기심이 왕성했던 시절의 감각으로 사물을 보거나 사람을 만나면 지금까지와는 다른 형태로 더 깊게 이해할 수 있고 이해계 뇌번지에도 강한 자극을 줄 수 있다.

이해계 뇌번지가 다른 사람보다 발달한 직종으로는 변호사나 신문기자, 편집자 등이 있다. 그들은 상대가 말하는 내용이나 그 자리의 상황을 바로바로 이해하는 능력이 매우 뛰어나다.

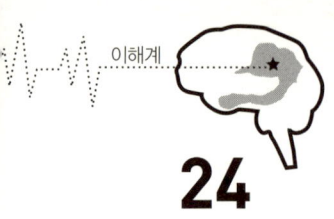

24
10년 전에 읽은 책을
다시 한 번 읽어본다

이해계 뇌번지는 크게 언어를 이해하는 번지와 도형이나 공간 등의 비언어를 이해하는 번지로 나눌 수 있다. 전자는 좌뇌에, 후자는 우뇌에 주요 기능이 있다. 이중에 언어를 이해하는 뇌번지를 단련하고 싶다면 독서가 효과적이다.

무조건 많은 책을 읽는다고 해서 좋은 것만은 아니다. 아무리 많은 권수의 책을 읽더라도 한 번만 읽고 만다면 이해의 폭이 깊을 수 없다. 깊이 있게 이해하려면 같은 책을 여러 번 읽어야 한다. 한 번 읽어도 내용을 다 알겠는데 왜 귀찮게 여러 번 읽어야 하느냐는 사람도 있을 것이다. 그런 사람은 속는 셈치고 예전에 읽은 책을 다시 한 번 읽어보자. 너무 최근의 것은 의미가 없으므로 10년 전쯤으로 거슬러 올라가는 것이 좋다. 아무리 꼼꼼하게 읽은 책이라도 옛날에 읽었을 때는 깨닫지 못했거나 시간이 지나면서 잊고 있던 부분이 있을 것이다. 같은 책을 두세 번 읽게 되면 책에서 받는 인상이 크게 달라지는데, 이는 시간이 지나면서 뇌가 성장했기 때문이다. 그래서 두 번째 읽을 때는 전과는 다른 뇌번지를 사용해 그 책을 읽게 된다. 다시 말해 같은 책을 읽더라도 그것을 읽는 자신의 뇌는 완전히 다른 것이다.

뇌 성장을 좀 더 실감하고 싶은 사람은 과거에 읽었을 때는 크게 재미를 못 느꼈던 책을 골라 읽어보는 것도 좋은 방법이다. 예전과는 다르게 해석해서 읽을 수 있을 뿐만 아니라 당시는 왜 재미가 없다고 느꼈는지 현재의 시각으로 분석할 수도 있다.

가령 국어 교과서에 나올만한 단편소설은 매우 좋은 소재가 된다. 학창시절에는 교과서에 실려 있다는 것만으로 거부감을 느꼈던 작품도 사회인이 된 후 읽으면 신선한 느낌을 받을 수 있다.

이 트레이닝은 다양하게 응용할 수 있다. 소설의 경우, 주인공과는 다른 등장인물에 감정을 이입해 읽거나 논픽션의 경우는 저자의 주장에 비판적인 입장으로 읽는 등 방법을 달리하면 처음에는 보이지 않던 것들을 발견할 수 있다. 이처럼 책의 내용을 여러 각도에서 접근하면 이해력이 놀라울 정도로 향상된다.

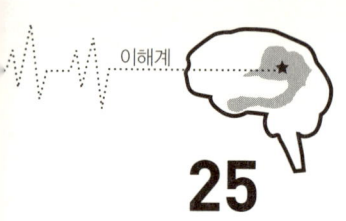

25
정리정돈법이나 인테리어를 바꿔본다

이해계 뇌번지에 언어 이해에 관한 부분(좌뇌)과 비언어 이해에 관한 부분(우뇌)이 있음은 앞에서 설명했다. 전자는 독서를 통해 단련할 수 있다면, 후자 즉 도형이나 공간을 이해하는 기능은 어떻게 단련할 수 있을까?

추천하고 싶은 방법은 방의 정리정돈과 인테리어 바꾸기다.

정리를 잘 하지 못하는 이유는 공간을 파악하고 체계화하는 능력이 떨어지기 때문이다. 방이 어질러져 있으면 자신의 방을 공간적으로 파악하지 못해서 점점 더 정리를 못하는 악순환에 빠지게 된다.

이 악순환을 끊고 싶다면 인테리어부터 시작해보자. 청소기나 걸레로 방을 깨끗이 하고 책상이나 테이블, 책장 등의 배치를 바꾸는 작업을 반복하는 사이에 '이 장소에 선반을 두면 먼지가 쉽게 쌓인다', '여기에 책상을 두면 창이 가려지니까 다른 장소로 옮기자' 하는 식으로 새롭게 인식하게 된다. 이런 경험을 쌓아감으로써 방이라는 공간에 대한 이해력이 향상되고 결과적으로 이해계 뇌번지가 단련된다.

힘들이지 않고 방을 정리할 수 있게 되면 이번에는 서랍 속 작은 소지품을 정리하거나 책장의 책을 분야별로 정리해보자. 방이라는 큰 공간을 정리하는 것과 소지품이나 책을 정리하는 것은 같은 이해계라도 사용하는 뇌번지가 다르다.

또한, 세탁물을 널 때 수건을 널고 나면 티셔츠를 널 공간이 없었던 경험이 있었는가? 사실 이것도 제한된 공간의 이해력이 결여되었다는 증거다. 세탁물의 양을 생각하면서 어디에 어떤 순서로 말리면 좋을지를 의식하는 것만으로도 이해계 뇌번지를 단련할 수 있다.

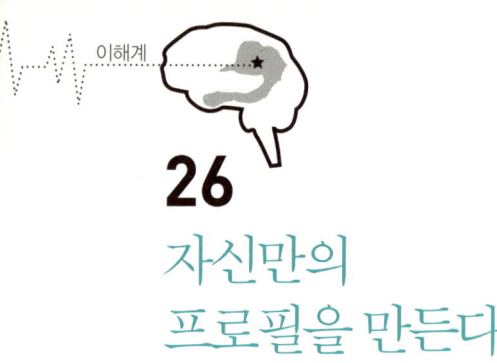

26
자신만의 프로필을 만든다

　미국에서 지내던 시절의 나는 의사와 과학자를 모집하는 곳에 지원할 때면 반드시 CV(curriculum vitae)를 제출해야 했다. 'CV'란 직업 경력을 비롯해 과거에 어떤 연구를 해왔는지, 그 결과 어떤 상을 수상했는지 등을 기입하는 것으로, 말하자면 '이력서'라고 보면 된다.
　의사나 과학자 세계에서는 '어떤 연구 성과가 있었는가, 무엇을 평가받았는가' 등을 중시한다. 지원자 입장에서는 많은 이력서 속에서 선택되려면 채용담당자 눈에 잘 띄면서도 신속하게 검토할 수 있도록 실적을 잘 정리할 필요가 있다. 하지만 당시에 나를 소개하는 것에 익숙하지 않아서 한동안은 CV를 어떻게 써야 좋을지

갈피를 잡지 못했었다. 누구나 이와 비슷한 경험을 한 적이 있을 것이다.

특히 이력서를 쓸 때 학력이나 경력에 관해서는 쉽게 적어나가다가 막상 자기 소개서 앞에서는 순간적으로 멈칫하는 사람이 적지 않을 것이다. 자기를 포장하고 홍보하는 데 주저하다가는 기회가 찾아와도 놓칠 수 있다. 이런 사태를 피하려면 자신이 어떤 인간이고 타인에게 어떻게 보이는지 평소에 이해하고 있어야 한다.

따라서 자기 이해의 한 방법으로 자신의 프로필을 작성해보자. 학력이나 경력과는 상관없이 자기 나름의 특징을 적어보는 것이다. 이때 어떻게 써야 자신이란 사람에게 흥미를 느낄 수 있을지 생각하며 적어야 한다. 누군가에게 보일 것이 아니므로 내용은 무엇이든 상관없다.

'나는 지하철 마니아여서 서울 시내 지하철역 이름을 모두 외울 수 있다'라는 내용이든 '소개팅에서 반드시 연락처를 받아낼 수 있다' 등 실제로는 이력서에 쓸 수 없는 내용도 괜찮다. 모든 각도에서 자기를 분석함으로써 자신을 충분히 이해하고 다른 사람과 구분되는 자기만의 개성을 깨달을 수 있는 능력을 키워야 한다.

이해계

27
지하철에서 타인의 마음상태를 추측해본다

내 친구 중에는 조금 이상한 취미를 가진 사람이 있다. 바로 불특정의 사람을 관찰하는 취미인데, 특히 지하철 안에서 사람들을 관찰한 다음 가족에게 그 뒷이야기를 들려준다는 것이 흥미로웠다. 그는 눈길을 끄는 사람을 보았을 때 그 사람의 심리상태나 배경을 추리하는 것이 즐겁다고 한다.

가령 비가 올 확률이 0퍼센트인 쾌청한 날에 우산을 든 사람이 있다고 하자. 그러면 친구는 '왜 이렇게 맑은 날씨에 우산을 들고 있을까?', '우산이 귀찮지는 않을까?', '혼자만 우산을 가지고 있어서 창피하지는 않을까?' 등 다양한 상상의 나래를 펼친다고 한다.

이 친구에게 수많은 사람과 마주치는 지하철 안은 흥미로운 장소가 된다. 또한 굳은 얼굴로 앉아 있는 양복차림의 남성을 보면 '저 사람은 회사에서 뭔가 기분 나쁜 일이 있었나?'라는 상상을 해볼 수 있고, 큰 가방을 든 외국인을 보면 '이 사람은 우리말을 잘 못할 것 같아. 왠지 불안해 보이는걸' 하고 생각할 수 있다.

이처럼 사람의 표정을 읽는 훈련은 이해계 뇌번지를 자극한다. 처음 만난 사람과 이야기할 때를 떠올려보자. 초면에는 상대의 성격이나 경력 등 무엇 하나 자세히 알지 못한다. 그러므로 무난한 화제를 골라 상대에게 불쾌감을 주지 않으면서 표정이나 사소한 한 마디로 상대가 어떤 인물일지 상상하고 이해하려고 노력하게 된다. 이 관찰이 이해계 뇌번지를 활성화시키는 것이다.

다만 다른 사람의 얼굴을 계속 뚫어져라 보면 의도와는 달리 문제가 생길 수 있으므로 상대가 불쾌감을 느끼지 않도록 주의하자.

이해계

28
센스 있는 사람의 패션을 따라 해본다

　여성에게 아름다워지고 싶은 욕구는 매우 자연스러운 감정이다. 하지만 남성의 경우는 어떨까? 바야흐로 남성용 화장품이 나오는 시대이고, 아름다워지고 싶어 하는 남성이 많아지고는 있지만 아직은 외모에 관심이 없는 사람이 더 많다. 그러나 이제는 남성도 타인에게 불쾌감을 주지 않는 정도의 차림새는 갖춰야 한다. 거리를 걷다 보면 머리가 헝클어진 채로 다니는 사람, 옷이 꾸깃꾸깃한 사람을 흔히 볼 수 있는데 역시 좋은 인상을 주지 못한다. 이런 사람은 방 정리정돈이 서툰 사람과 마찬가지로 자신을 정리하는 능력이 없는 것이다.
　사실 나도 외모를 전혀 신경 쓰지 않고 지낸 시기가 있었다. 연구원으로 미국에 있을 때, 한동안 지나치게 연구에 몰두한 나머지 겉모습을 꾸밀 여유가 없었다. 외모에 둔감해지면 외모를 꾸밀 때 기능하는 뇌번지가 점차 둔화되고, 외모에 대한 감성마저 잃어버리게 되는 것이다.

그런데 외모에 변화를 주려 해도 어떻게 해야 좋을지 모르겠다는 사람이 있다. 그런 사람은 '저 옷이라면 입어보고 싶다'라고 생각되는 사람을 거리에서나 TV에서 찾아보고 그를 모방해보자. 자신과 비슷한 키와 체형을 가진 사람이 어떤 옷을 입고 있는지 관찰하는 것은 꽤 즐거운 일이다.

물론 그중에는 '멋있지만 나에게는 무리'인 경우도 있을 수 있다. 하지만 의상이든 화장품이든 실제로 시도해보지 않으면 자신에게 어울리는지 그렇지 않은지는 알 수 없다. 한번쯤 시도해보고 자신에게 맞는다면 받아들이고 맞지 않으면 미련 없이 그만두면 된다. 이 작업을 반복하는 사이에 자신에 대한 이해력이 향상될 것이다.

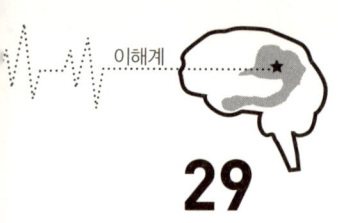

이해계

29
평소 절대로 읽지 않는 책의 제목을 읽어본다

나에게는 18세 즈음부터 계속해온 습관 하나가 있다. 도서관이나 서점에 가면 평소 읽지 않는 장르의 코너로 가서 책의 제목을 소리 내지 않고 눈으로 읽어보는 것이다. 서점에는 많은 코너가 있고 장르별로 책이 진열되어 있는데 평소 가지 않는 코너에 가면 제목을 보는 것만으로도 의외의 발견을 할 수 있다.

예를 들어 서점의 정치 관련 코너에서 '정치학'을 접하게 되었다고 하자. 정치에 밝은 사람이 아니라면 책에 있는 단어나 내용이 생소하고 어렵다. 하지만 정치학 코너에서 다루는 책을 쭉 훑어보면 그 분야에서는 어떤 사람이 책을 많이 썼는지, 책의 제목에 가장 자주 사용되는 단어는 무엇인지 등을 어렴풋이나마 이해할 수가 있다.

그리고 책을 직접 꺼내어 커버나 안쪽에 적힌 약력을 보면 그 책의 저자가 어떤 경력이 있으며, 또 어떤 책들을 썼는지 알게 된다. 이러한 주변의 정보를 종합하면 저자가 어떤 의견을 가졌는지도 파악할 수 있고, 만약 사진이 실려 있다면 '그리고 보니 이 사람은 얼마 전 TV 프로그램에서 본 적이 있는데' 하고 깨닫게 될 수도 있다.

이처럼 예비지식이 없어도 제목이나 저자의 정보를 읽어보면 그 분야의 경향을 어느 정도 이해할 수 있게 된다. 제목을 읽는 것만으로도 많은 정보를 알게 된다는 것은 흥미로운 일이다.

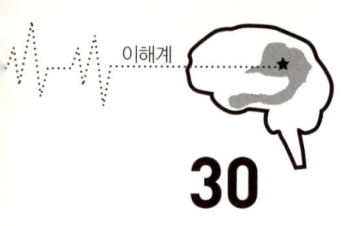

30
외출하기 10분 전에 가방 안을 정리한다

인간의 뇌는 시간 제한을 설정하면 좀 더 쉽게 기능하는 성질이 있다. 학교의 수업 시간을 떠올려보자. 학생들이 선생님의 이야기를 집중하여 들을 수 있는 것은 50분이라는 시간이 정해져 있기 때문이다. 만일, 수업시간이 정해져 있지 않고 언제 끝날지도 모르는 상태에서 선생님의 이야기를 계속 들어야 한다면 어떨까? 아마도 학생 대부분이 수업에 집중하지 못할 것이다.

이 시간 제한을 잘 응용하면 좀 더 효율적으로 이해력을 높일 수 있다. 예컨대, 아침에 집을 나서기 전에 미리 10분이란 시간을 정해놓고 가방 정리를 해보자. 현재는 어떤 물건이 가방에 들어 있으며, 앞으로 무엇을 넣고 무엇을 꺼내야 할지 생각하게 된다. 따라서 이 트레이닝은 제한된 시간 내에 '현재 상황'과 '앞으로 해야 할 일'을 순간적으로 이해해야 하기 때문에 이해계 뇌번지를 활성화시킨다.

이 트레이닝은 활용 방법에 따라 다양한 응용이 가능하다. 회의 시작 전, 10분 동안 책상 서랍을 정리한다거나 15분 뒤 손님이 오기로 했으면 그때까지 책장을 정리하는 것이다. 이처럼 뒤로 미룰 수 없는 일정을 데드라인으로 설정하는 것이 포인트다.

처음에는 시간 제한 때문에 초조하고 뭔가 쫓기는 기분이 들 것이다. 하지만 이 초조함을 역으로 이용하면 짜릿한 긴장감을 느낄 수 있을 뿐 아니라 순간 집중력이 향상되는 것을 실감할 수 있다.

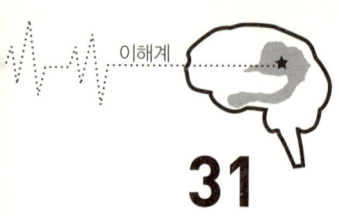

31
집에 들어오면 바로 짧은 시를 지어본다

외출 직전에 가방을 정리하는 방법이 있다면, 귀가 후에 이해계 뇌번지를 단련하는 방법이 있다. 집에 돌아온 직후는 그날 있었던 일을 돌아보기에 가장 좋은 시간대다. 이를 이용해 가장 기억에 남는 일을 일정한 형태로 기록해두면 하루의 흐름을 새롭게 이해할 수 있다. 그리고 이것은 두뇌를 정리하는 데도 도움이 된다.

어느 기업의 사장은 잠자기 전에 블로그를 작성한다고 한다. 하지만 일기나 블로그는 써야 할 문장의 양이 많아 부담스러울 수 있다. 스트레스나 부담감은 어떤 일을 지속하는 데 방해 요인이 된다. 이해계 뿐만 아니라 뇌번지를 단련하는 훈련은 즐기면서 계속하는 것이 중요하기 때문에 유지하기 어려운 습관은 피해야 한다. 그래서 내가 추천하는 방법은 귀가 직후에 '시'를 짓는 것이다.

하루를 돌아보고 3·4 또는 4·4조의 짧은 정형시를 지어보자. 이 작업은 간단해 보이지만 의외로 머리를 써야 한다. 먼저 그날 일어난 일을 차분히 떠올려야 하고, 인상적인 일을 간결하면서 정확하게 표현할 수 있는 어휘력이 필요하다. 그러므로 '자, 시를 지어볼까!'라고 잔뜩 벼르기보다는 '집까지 걸어가면서 한 구절 지어볼까' 하고 편하게 마음먹는 편이 무리 없이 이 습관을 계속하는 데 도움이 된다. 물론 시 형식에 지나치게 집착할 필요는 없다. 시는 하루의 기록임과 동시에 하나의 작품이기도 하다. 훗날 이 시들을 읽어보면 당시의 생각과 기분을 알 수 있어 좋은 인생의 기록이 될 수도 있다.

더구나 나이 들어 시를 즐기는 것은 뇌에 매우 좋은 영향을 준다. 노년에는 말하는 능력은 떨어져도 언어에 대한 이해력이나 사고력은 크게 떨어지지 않는다. 또한 나이를 먹으면서 사용하는 뇌번지가 달라지므로, 젊은 시절과는 다른 뇌번지를 이용해 시를 감상할 수 있을 것이다.

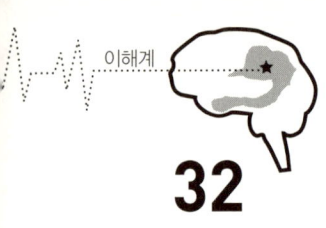

이해계

32
지역사회를 위한 자원봉사 활동에 참여한다

내게는 집 주변을 청소하는 습관이 있다. 이런 습관은 대학과 대학원 시절 6년 동안 다져진 습관이다. 그때는 매일 아침 5시 반에 일어나 집부터 가까운 역까지 가는 길을 빗자루로 청소하거나 풀을 뽑기도 했다. 그런데 청소를 계속하면서 이상한 일이 일어났다. 매일 오가던 길이 그때까지 보던 것과는 다르게 느껴졌고 내가 사는 곳에 특별한 애정이 생겼다. 당시에는 전혀 의식하지 못했지만 되돌아보면 이러한 자원봉사가 뇌를 단련하는 데 크나큰 효과가 있었다.

어떤 형태로든 자기가 사는 지역과 관계를 맺으면 '오늘은 쓰레기가 많다', '저 사람의 행동이 평소와 다르다' 등 사소한 변화에 민감해진다. 이 새로운 인식이 이해계 뇌번지에 자극을 준다. 지역 봉사는 회사 사장이나 팀 리더 등 관리자에게 특별히 추천하고 싶은 트레이닝이다. 사장의 뇌는 평소 경영에 필요한 뇌번지만을 사용하므로 현장에서 필요로 하는 뇌번지는 별로 사용하지 않는다. 그러므로 사장과 일반사원을 비교했을 때 사내 지위로 보면 사장이 높지만 뇌번지 사용에서는 일반사원이 우수한 경우가 있다.

특히 일부의 리더는 회사의 상하관계를 사생활에까지 끌어들이는 경우가 있다. 이렇게 되면 사장은 사생활에서도 항상 뇌를 지배적인 측면에서만 사용하게 된다. 이러한 생활이 습관화되면 사용하는 뇌번지에 변화가 없어 관점이나 이해 방식이 좁아지고 고정된다. 이를 예방하려면 리더도 일을 벗어난 자리에서는 의식적으로 다른 역할을 맡아 볼 필요가 있다. 업무와는 전혀 무관한 자원봉사 활동은 그것을 체험할 수 있는 절호의 기회다.

반대로 평소 낮은 지위에 있는 사람은 지역 자원봉사 활동에서 적극적으로 리더십을 발휘해보자. 통솔력 등을 배울 수 있는 좋은 기회가 될 것이다.

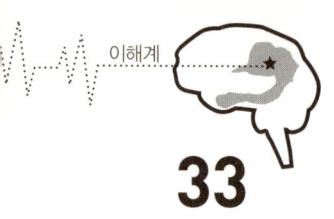

33
존경하는 사람의 말과 행동을 따라 해본다

　뛰어난 리더십으로 조직을 이끄는 사장, 연이어 세상에 화제작을 내놓는 작가, 단련된 육체와 놀랄만한 정신력으로 기록을 갱신하는 스포츠 선수 등 누구나 한 명쯤은 마음 깊이 존경하는 인물이 있을 것이다. 유명인이 아니어도 과거에 신세를 진 학교 선생님이나 회사 선배 등 주변 인물을 존경의 대상으로 삼는 사람도 많다.

　누군가에게 감사하는 마음과 존경하는 마음은 그 사람의 이해심을 자극해서 지금까지 보지 못했던 것을 새로운 눈으로 볼 수 있게 만든다.

　주변에 존경할 수 있는 사람이 있다면 그 사람의 본을 받아 자신에게 부족한 부분을 적극적으로 채워나가자. 다른 사람의 장점은 적극적으로 배워야 한다. '모방은 창조의 어머니'라는 말도 있지 않은가. 모방을 하면서 자신에게 맞으면 계속하고 맞지 않는 것은 그만두면 된다. 이런 시행착오를 반복하는 사이에 그 사람의 장점은 어느덧 자신의 것이 된다.

우선 존경하는 사람을 떠올리며 본받고 싶고, 이상적이라고 생각하는 항목을 서너 가지 선택하자. 그런 다음 그것을 일주일 정도에 걸쳐 실제 행동에 반영시켜보는 것이다.

모방은 상대를 정말로 이해해야만 가능하다. 단순히 알아둘 요량으로는 본질을 정확하게 파악할 수 없다. 정말로 존경하는 사람처럼 되고 싶다면 나는 왜 안 되는지, 왜 나는 그 점을 동경하는지를 진지하게 생각해야 한다. 이처럼 다른 사람을 이해하려는 사고가 이해계 뇌번지를 단련시킨다.

뇌 칼럼

뇌도 식사를 한다?!

 인간이 하루 세 번 식사하는 것과 마찬가지로 뇌도 식사를 한다. 단, 뇌는 고기나 채소가 아닌 정보를 먹는다.
 정보란 외부로부터 얻을 수 있는 다양한 자극이나 경험을 말한다. 뇌는 오감을 통해 매일 방대한 정보를 먹고 있다. 그런데 기름진 음식이나 단 음식을 지나치게 먹으면 몸을 병들게 하듯 뇌에도 과식은 바람직하지 않다.
 뇌의 과식이란 어떤 것일까? 이것은 수면과 깊은 연관이 있다. 뇌는 수면 중에 낮 동안 사용했던 뇌번지를 쉬게 하는데 잠을 자지 않으면 깨어 있는 동안에는 끊임없이 정보를 처리해야 한다. 이러한 수면 부족을 뒤집으면 정보의 과식, 즉, 뇌의 과식인 것이다.
 뇌의 과식은 뇌세포의 과로를 불러오게 되고, 뇌로 영양을 운반하는 혈관에 무리를 주니 주의해야 한다.

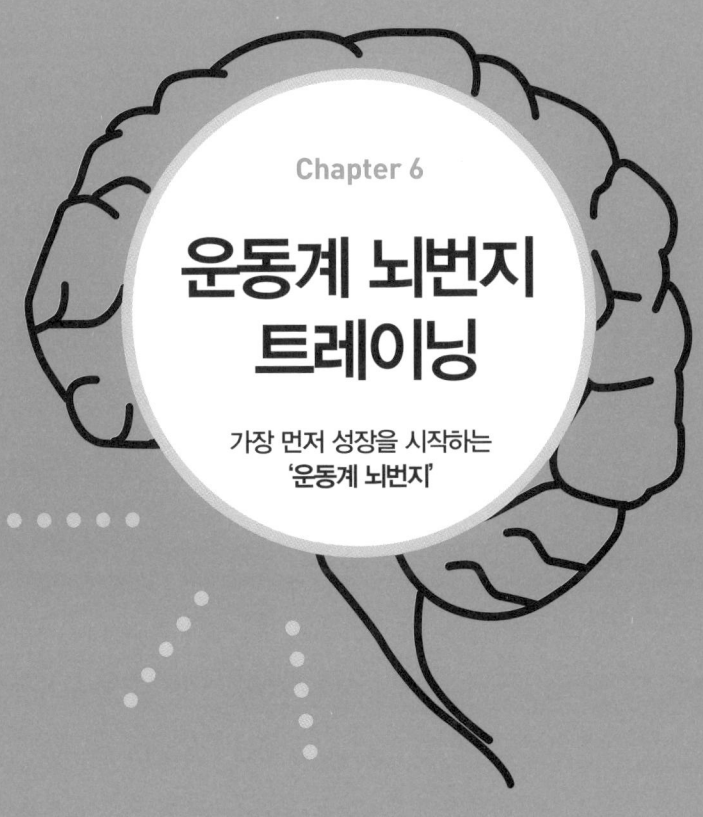

가장 먼저 성장을 시작하는
운동계 뇌번지

운동계 뇌번지의 특징은 가장 먼저 성장을 시작하는 부위라는 점이다. 이어서 전두엽 부근의 사고계, 감정계 뇌번지, 그 다음엔 뇌 뒤쪽에 있는 시각계, 청각계, 기억계 뇌번지가 성장한다.

이 운동계 뇌번지 트레이닝은 다른 뇌번지에도 다양한 영향을 미친다. 스포츠에서는 경기 상대나 볼의 움직임을 눈으로 보아야 하므로 시각계 뇌번지가 활성화된다. 또한 감독의 지시를 듣고 실전 경기에 적용하려면 청각계 뇌번지가 기능해야 한다. 피아노를 칠 때도 운동계 뇌번지가 작동하는데, 눈으로는 악보를 보고 귀로는 건반 소리를 확인해야 하므로 복수의 뇌번지를 사용하게 된다.

이처럼 운동계 뇌번지 트레이닝은 다른 뇌번지와의 연동성을 높이는 데 큰 역할을 한다. 전체 뇌번지를 종합적으로 성장시키고 싶다면 우선 운동계 뇌번지의 트레이닝부터 시작하자.

운동계 뇌번지가 잘 발달한 직업은 스포츠선수나 예술가 등을 꼽을 수 있다. 농업이나 어업에 종사하는 사람, 의외로 재봉틀을 다루는 직업이나 손재주가 좋은 사람들도 손끝을 야무지게 움직이다 보니 운동계 뇌번지의 기능이 활성화되어 있다.

또한 운동계 뇌번지 바로 뒤에는 인간의 감수성과 피부감각을 담당하는 뇌번지가 있는데, 이는 감정계 뇌번지와 연결되어 있다. '오늘은 따뜻하니 밖에 나가 산책해볼까?'라는 생각이 드는 것은 피부감각과 감정이 연동되어 있기 때문이다. 운동계 뇌번지와 마찬가지로 피부감각을 담당하는 뇌번지도 유아기부터 발달하며, 다른 뇌번지를 발달시키는 데 기초적인 역할을 한다.

* 오른쪽 아래는 C번지(소뇌).
이 밖에 대뇌 안쪽에 있는 B번지(대뇌기저핵)가 운동계 뇌번지에 해당된다.

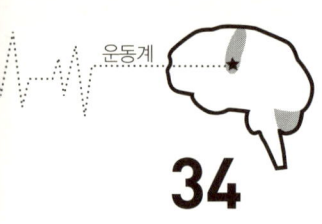

34
평소 사용하지 않는 반대 손으로 양치질한다

갓난아기가 몸을 버둥거리며 큰 소리로 울 수 있는 것은 엄마의 뱃속에 있을 때부터 이미 몸을 움직이는 운동계 뇌번지가 성장을 시작했기 때문이다. 하지만 아기는 몸은 움직이더라도 음식을 먹거나 말은 하지 못한다. 이것은 치아가 나지 않았다거나 말을 몰라서가 아니라 운동계 뇌번지 중 입과 혀를 움직이는 번지가 미숙하기 때문이다. 이를 보면 운동계 뇌번지가 다시 손, 발, 입, 혀 등 신체 각 부분의 기능을 관장하는 번지로 나뉘어 있음을 알 수 있다.

손기술이나 근육질의 다리는 개별적인 단련으로 충분히 강화되는 부위다. 이에 비해 사람들 대부분이 입과 혀의 기능은 쉽게 간과해버리는 경향이 있다. 그래서 이번에는 운동계 뇌번지를 트레이닝하는 방법으로 양치질을 권한다. 뇌 트레이닝 관점에서 보면 양치질은 손과 입을 동시에 사용하는 매우 효과적인 운동이다. 단, 평소에 주로 쓰지 않던 손을 사용하는데 오른손잡이라면 이제부터는 왼손으로 이를 닦아본다. 칫솔도 평소와 반대방향으로 움직여보는 것도 좋다. 이처럼 새로운 활동은 이제껏 쓰지 않던 뇌 부위를 자극한다.

입 운동으로 좋은 것으로는 잰말놀이를 추천한다. 예를 들어, '간장 공장 공장장은 강 공장장이고, 된장 공장 공장장은 공 공장장이다', '내가 그린 기린 그림은 긴 기린 그림이고 네가 그린 기린 그림은 안 긴 기린 그림이다' 등 빠르면서도 정확하게 발음하는 것이 포인트다.

입 운동을 마치고 나면 다음은 혀 운동을 한다. 아이가 혀를 내밀며 '메~롱'을 하듯이 혀를 입 밖으로 최대한 내밀어보자. 혀를 완전히 내밀면 목 안쪽 근육이 풀리는 느낌이 들 것이다. 이 감각이 혀를 충분히 사용하고 있다는 증거다.

평소 쓰지 않던 손으로 양치질하거나 혀를 내미는 행동은 평소 사용하지 않는 근육을 단련시키고 목과 어깨 근육을 풀어주는 등 다양한 효용이 있으므로 매일 꾸준히 실천하자.

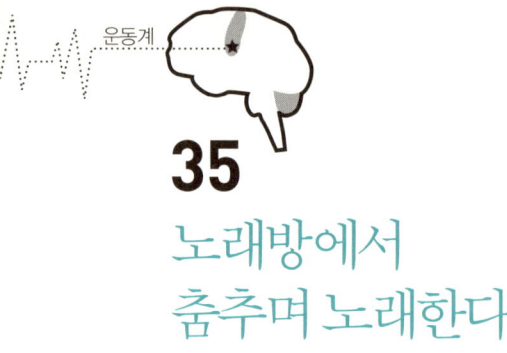

35
노래방에서
춤추며 노래한다

운동계 뇌번지 트레이닝에서는 즐겁게 몸을 움직이는 것이 매우 중요하다. 그런데 독자 중에는 몸을 움직이는 것이 서툴러 운동이나 스포츠란 말만 들어도 고개를 내젓는 사람이 있을 것이다. 이런 유형은 운동계 뇌번지를 단련하는 데 심리적으로 부담을 느끼기 마련이다.

앞에서도 언급했듯이 트레이닝을 의무적으로 하게 되면 뇌에 좋은 자극을 주지 못한다. 그래서 운동이 서툰 사람도 즐기면서 뇌번지를 단련할 수 있는 방법을 소개하려고 한다. 바로 노래방을 이용하는 것인데 단순히 노래만 부르는 것이 아니라 율동을 하면서 불러보자.

내 환자들 중에는 놀랄 만큼 피부가 젊은 사람이 있다. 그들의 공통점을 살펴보니 하나같이 오랫동안 댄스나 무용 등 음악에 맞춰 춤을 춰온 사람들이었다. 춤추기가 부끄러운 사람은 다른 사람이 노래하고 있을 때 리듬에 맞춰 가볍게 움직여보는 것도 좋다. 이 트레이닝은 스포츠와 달리 몸을 심하게 움직이지 않으면서도 훌륭한 운동이 된다. 그리고 음악을 들음으로써 뇌번지의 반응이 저절로 청각계로 이동하는 효과도 있다.

아이돌 가수처럼 전문가에게 춤 동작을 배워서 추는 것과 자기 마음대로 자연스럽게 움직이는 것은 사용되는 뇌번지에 차이가 있다. 전자는 기본 안무가 마련되어 있는 상태에서 그것을 충실히 모방하는 것인 반면에 후자는 스스로 율동을 만들어낸다는 점에서 일종의 창작 능력을 발휘하는 것이라고 말할 수 있다. 다시 말해, 전자가 수동적이라면 후자는 능동적 움직임이다. 어쨌든 운동계 뇌번지를 단련하는 데는 둘 다 효과적이므로 적극적으로 리듬에 맞춰 움직이면서 운동계 뇌번지를 단련해보자.

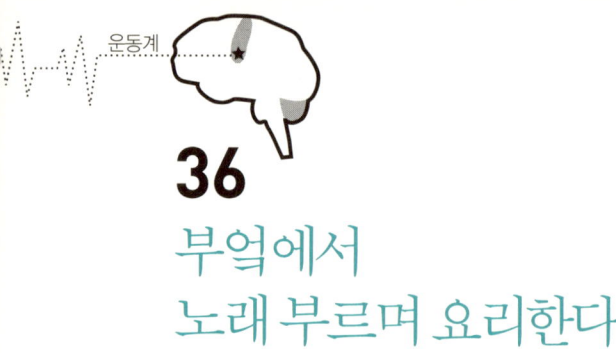

36
부엌에서
노래 부르며 요리한다

춤추고 노래하는 것처럼 굳이 운동을 하지 않아도 일상생활 속에서 충분히 운동계 뇌번지를 단련하는 방법이 있다. 바로 요리가 그것이다. 요리도 오감을 총동원하므로 넓은 의미에서는 운동에 속한다. 나아가 노래도 부르면서 요리를 한다면 트레이닝에 더 좋은 효과를 볼 수 있다.

그 이유는 무엇일까? 노래하면서 음식을 만들면 운동계 뇌번지가 요리하는 손과 노래 부르는 입을 함께 운동하도록 명령을 내린다. 이는 뇌가 내리는 명령 가운데에서 매우 수준 높은 명령이다.

한편, 운동계 뇌번지는 어떤 행동을 하기 전에 '어떻게 몸을 움직일 것인가' 하는 계획을 세우는 기능도 있다. 그래서 인간은 항상 그 계획을 조절하면서 행동하게 된다. 게다가 이 계획은 무의식 중에 순간적으로 세워진다. 가령 아침에 회사에 갈 때도 '어떤 길로 갈 것인가', '지하철로 갈까, 버스를 탈까?'라는 계획을 순간적으로 세우고 이에 기초해서 움직인다. 만일 이런 계획을 세우지 않으면 집을 나서는 순간 우왕좌왕하게 될 것이다.

이것은 요리도 예외가 아니다. 운동계 뇌번지는 요리를 하는 동안에도 다음에 무엇을 하면 좋은지 재빠르게 계획을 세운다. 여기에 노래를 부르는 행동을 추가하면 운동계 뇌번지에 더 강한 자극을 주게 된다. 이것을 잘 응용하면 몸을 움직이면서 머릿속으로는 좋은 아이디어를 생각해내는 데 훌륭한 트레이닝이 된다.

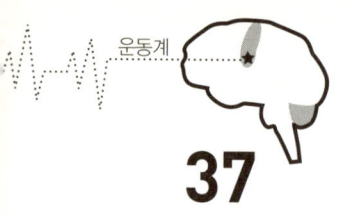

37
만년필이나 연필로 일기를 쓴다

컴퓨터가 보급되면서 손글씨를 쓸 기회가 거의 없어졌다. 글자를 빠르게 그리고 많이 입력하기에는 컴퓨터가 분명 압도적으로 유리하다. 하지만 뇌에 자극을 준다는 점에서 컴퓨터는 손으로 쓰는 것과는 비교도 되지 않는다.

컴퓨터가 뇌 전부를 사용하게 만드는 것 같지만, 사실은 손을 움직이는 범위가 제한적이어서 아주 적은 수의 운동계 뇌번지만 사용하게 된다. 반면에 연필이나 펜으로 글씨를 쓰면 뇌는 손의 움직임을 상세하게 지시해야 하므로 더 넓은 범위에서 뇌번지를 사용하게 된다.

또 컴퓨터로는 읽는 법만 알면 글자를 입력할 수 있지만, 종이에 글자를 쓸 때는 자모음, 한자의 획, 알파벳 등을 정확하게 외워야 쓸 수 있다. 아울러 컴퓨터로 쓴 문장은 글자의 크기나 숫자가 통일되어 출력되지만, 손글씨는 글자에 그때그때의 심리상태가 반영된다. 초조한 마음으로 쓰면 글자가 조잡해지고 편한 마음으로 쓰면 글자가 또박또박 써진다.

다시 말해, 손으로 글자를 쓸 때는 다양한 요소를 고려해야 하기 때문에 그만큼 뇌 성장에 좋은 효과를 주게 된다.

평소 컴퓨터만 사용하는 사람은 이 효과를 체험하기 위해서라도 노트에 자필로 일기를 쓰는 습관을 들이는 것이 좋다. 굳이 형식을 갖출 필요는 없다. '오늘은 ○○에서 △△까지 걸었다', '오늘은 계속 집에 있었다' 등 자신의 일과를 짧은 문장으로 쓰는 것으로 충분하다. 어쨌든 이 트레이닝의 포인트는 손으로 글씨를 쓰는 것이다.

다만 필기구는 볼펜이 아니라 연필 혹은 만년필을 사용할 것을 권한다. 연필이나 만년필은 글씨를 쓸 때 끝을 미세하게 조정해야 하는데 이 과정이 손가락 끝의 뇌번지 트레이닝에 더 효과적이기 때문이다.

38
고흐나 피카소의 명화를 따라 그린다

글자를 쓰는 것과 마찬가지로 그림을 그리는 것도 운동계 뇌번지 트레이닝에 도움이 된다.

그림에는 글자 이상으로 많은 양의 정보가 담겨 있다. 세부적인 묘사나 컬러에 변화를 주어서 다채로운 표현이 가능하고, 완성된 작품을 보면 그렸을 때 어떤 심경이었는지도 읽을 수 있다.

나아가 글자와 그림은 공간을 받아들이는 사고가 다르다.

글자를 쓸 때 종이의 빈 공간을 보면서 어느 정도나 써넣어야 할지 고민하는 사람은 많지 않을 것이다. 하지만 그림은 종이나 캠퍼스의 크기를 보면서 어느 정도의 범위로 그려야 할지 공간의 균형을 의식하지 않으면 안 된다. 이처럼 공간을 파악하는 힘은 운동계 뇌번지와 연동해 자극을 준다.

물론 그림 그리기가 서툴고 무엇을 그려야 할지 모르는 사람도 있을 수 있다. 그런 사람은 명화를 모사하는 것부터 시작해보자. 고흐, 피카소, 르누아르의 작품 등 명화라 불리는 것이라면 어떤 것이든 상관없다. 자신이 좋아하는 그림을 한 장 골라 철저하게 모방해보는 것이다. 도저히 어려워서 못하겠다면 만화를 따라 그려보는 것도 좋다.

그림뿐만 아니라 사물을 만드는 과정에서 무언가를 모방하는 것은 뇌 강화 훈련에 아주 효과적이다. 똑같은 것을 재현해냄으로써 그 작가의 뇌번지 사용 방식을 무의식적으로 모방할 수 있기 때문이다.

하지만 진짜 명화를 그린 화가와 그것을 모방한 사람의 뇌는 똑같지 않다. 이 세상에 완전히 똑같은 뇌는 단 하나도 존재하지 않는다. 따라서 아무리 정교하게 명화를 모사한다 해도 그 그림은 당신의 운동계 뇌번지를 사용해 그린 당신만의 오리지널 작품인 것이다.

운동계

39
엘리베이터 대신 계단을 두 칸씩 오르내린다

나는 평소에 가능하면 엘리베이터나 에스컬레이터를 사용하지 않고 계단을 이용한다. 다리 운동이 될 뿐 아니라 오르내림에 변화를 줌으로써 운동계 뇌번지를 단련할 수 있기 때문이다.

가령 계단을 두 칸씩 올라간다거나 옆으로 올라가는 등 평소와는 다른 변화를 주는 것이다. 계단을 하나 건너뛰고 올라가려고 하면 한 칸을 올라갈 때와는 달리 착지하는 장소나 타이밍을 잘 잡아야 한다. 자연히 신중하게 생각하면서 발을 조심히 내딛게 되고, 평소보다 훨씬 더 정확한 착지점을 찾게 된다. 계단을 두 칸씩 오르면 이처럼 평소 사용하지 않는 주의력을 기울이게 되어 뇌가 신선한 자극을 받는다.

계단을 두 칸씩 오르는 것이 수월해지면 다음에는 두 칸씩 내려간다. 계단을 오르는 것보다 훨씬 어렵게 느껴질 것이다. 오르는 것은 힘들지 않은 사람도 내려갈 때는 균형을 잡기 어렵기 때문에 주의를 더 기울이게 된다. 따라서 계단을 내려갈 때는 올라갈 때보다 좀 더 많은 운동계 뇌번지가 사용된다.

단, 균형을 잃고 넘어지기라도 하면 뜻하지 않은 사고로 이어질 수 있으니, 이 트레이닝은 옆에 사람이 있거나 경사가 급한 계단에서는 하지 않는 것이 좋다.

40
생각이 막힐 때는 그냥 계속 걷는다

살다 보면 아무리 생각해도 좋은 안이 떠오르지 않고, 생각이 꽉 막힐 때가 있다. 이는 특정 뇌번지에 연속해서 부하가 걸렸을 때 일어나는 현상이다. 이 상황을 벗어나려면 사용하고 있는 뇌번지를 이동시키는 '뇌번지 전환'이 필요하다.

예를 들어 다른 사람과 언쟁을 하다가 감정을 억누르지 못하고 갑자기 상대에게 덤벼드는 사람이 있다. 이때도 뇌번지 전환이 일어난 결과라고 볼 수 있다. 다시 말해 사고력이 약해지자 감정을 조절하지 못하고 몸을 쓰게 된 것이다. 분노의 대상이 된 상대에게는 안 된 일이지만 본인으로서는 뇌번지 전환이 멋지게 성공한 것으로 볼 수 있다. 하지만 이러한 대처법은 권장할 수 없다.

타인에게 피해를 주지 않는 범위에서 뇌를 전환시키려면 우선 행동을 멈추고 그 자리를 벗어나야 한다.

단, 일시적으로 벗어나는 것만으로는 충분하지 않다. '왜 좀 전에 좋은 생각이 떠오르지 않았을까?'를 생각하기 시작한다면 몸은 벗어났어도 뇌는 책상 앞을 떠나지 못하고 있는 것이다.

사고가 꽉 막혔을 때는 일단 몸을 움직여 뇌 활동을 운동계 뇌번지로 이동시킬 필요가 있다. 운동계 뇌번지에서 다른 뇌번지로 이동하기가 간단한 일은 아니지만, 그 반대는 비교적 쉽게 할 수 있다.

여기서 뇌번지 전환을 쉽게 할 수 있는 운동으로 추천하고 싶은 것이 '걷기'다. 걷는 것은 몸을 움직이는 기본 동작이므로 두뇌를 활성화하는 가장 손쉽고 확실한 방법이다. 사고가 경직되었다고 느껴지면 아무 생각도 하지 말고 10~15분 정도 계속 걸어보자. 아주 짧은 시간이라도 생각으로 혹사시킨 뇌번지의 활동을 의식적으로 쉬게 할 수 있을 것이다.

뇌 칼럼

뇌번지의 위치와 크기는?

다리를 움직이는 뇌번지와 손을 움직이는 뇌번지는 모두 운동계 뇌번지에 있지만, 그 위치는 가까운 듯 멀다. 다리를 움직이는 뇌번지는 정확히 머리의 가마 바로 밑 부근에 있고, 손을 움직이는 뇌번지는 가마에서 좌우 3센티미터 정도 떨어진 곳에 있다. 고작 3센티미터라고 생각할 수 있지만, 얼굴 너비(오른쪽 귀에서 왼쪽 귀까지의 거리)의 평균값이 12센티미터 정도이므로 뇌의 관점에서는 고작 3센티미터가 아닌 3센티미터나 되는 것이다.

갓난아기 때는 손을 움직이는 뇌번지의 크기가 팥 한 알 정도지만 계속 사용하면 대두콩 정도에서 10원 동전 정도의 크기까지 성장한다. 단, 손을 많이 움직이지 않는 사람은 동전 크기까지는 성장하지 않는다. 그렇다면 당신의 손을 움직이는 뇌번지는 현재 어느 정도 크기일까?

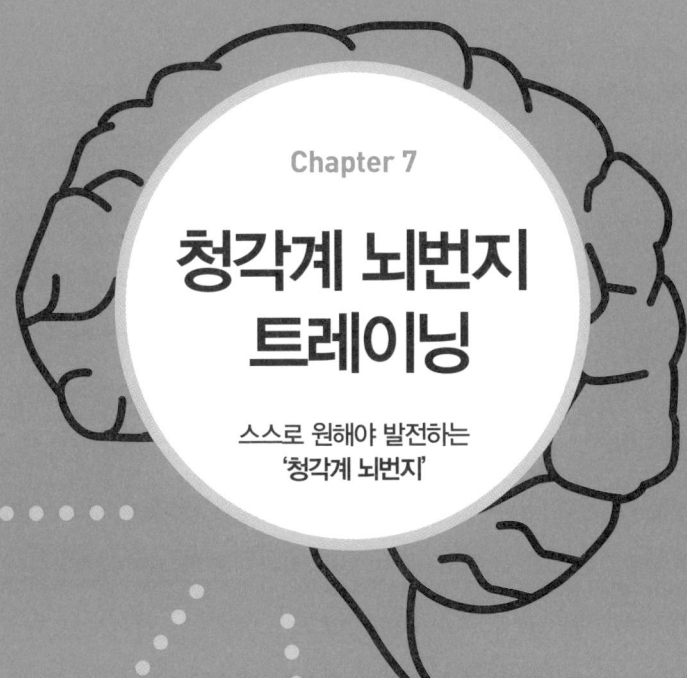

Chapter 7
청각계 뇌번지 트레이닝

스스로 원해야 발전하는
'청각계 뇌번지'

스스로 원해야 발전하는
청각계 뇌번지

청각계 뇌번지도 다른 뇌번지처럼 주로 언어를 듣는 데 사용하는 번지(좌뇌 쪽)와 주변의 소리에 주의를 기울일 때 사용하는 번지(우뇌 쪽)로 나뉜다. 이중에 언어를 듣는 번지가 성장하기 시작하는 것은 태어나 수개월이 지나고나서다.

갓난아기는 엄마가 아무리 말을 걸어도 그것을 언어라고 인식하지 못한다. 하지만 엄마의 말을 계속 듣는 사이에 청각계 뇌번지의 가지가 자라나 좌뇌에 있는 언어계 뇌번지가 발달하기 시작한다. 이것은 아이가 언어를 인식하지 못할 때부터 말을 걸어 뇌를 자극해 미개발 능력을 끌어낸 결과라 할 수 있다. 사실 이것이 뇌번지 트레이닝의 원점이다.

처음부터 모든 세포가 능력을 발휘하는 것이 아니라 외부로부터 정보가 들어오면 그것을 처리하기 위해 잠재능력 세포가 성장하기 시작하고 다른 세포와 네트워크를 형성하며 발달해나간다. 이처럼 잠재능력 세포의 기능을 높이고 성숙한 능력 세포로 발달시키는 과정이 바로 올바른 뇌번지 트레이닝이다.

잠재능력 세포의 힘을 끌어내는 데 가장 필요한 것은 스스로 뭔가를 하고 싶어 하는 능동적 사고다. 아기도 본능적으로 '말을 이해하고 싶다'라고 생각하기 때문에 언어계의 청각계 뇌번지가 성장하는 것이다. 어떤 일이든 시켜서 하는 것이 아니라 스스로 원해서 해야 잠재능력 세포가 지닌 놀라운 능력을 이끌어낼 수 있다. 그 상징적인 존재가 바로 청각계 뇌번지다.

청각계 뇌번지가 발달한 직업은 음악가, 전화교환원, 학원 강사 등이 있다. 이외에 성대모사를 잘하는 개그맨도 청각계 뇌번지가 발달되어 있다.

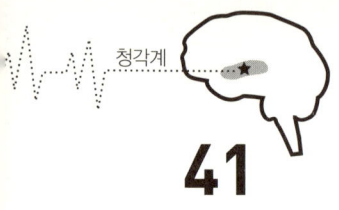

41
취침 타이머를 정해놓고 라디오를 들으며 잔다

일이나 공부를 잘하는 사람일수록 다른 사람의 이야기를 잘 귀담아 듣는 경향이 있다. 그들은 상대의 이야기를 있는 그대로 받아들이면서 이해하려고 노력한다. 이렇듯 양질의 정보는 말하기 쉽고 잘 들어주는 사람에게 모이기 마련이다.

남의 이야기를 잘 들어주는 사람이 되고 싶다면 우선 청각계 뇌 번지를 단련해야 한다. 먼저, 의식을 귀에 집중시키는 훈련을 해보자. 밤에 불을 끄고 깜깜한 방에서 라디오를 켜고 잠자리에 든다. 잠이 들 때까지 라디오를 들어도 상관없다. 하지만 라디오가 2~3시간 후에 꺼지도록 타이머를 설정한 후에 이 트레이닝을 시도하는 것이 좋다.

방을 어둡게 하면 시각계 뇌번지로의 정보입력이 차단된다. 그리고 자는 동안에는 손발을 움직이지 않고 음식도 먹지 않으므로 미각, 후각, 촉각 등의 정보입력도 떨어진다. 그 결과, 의식은 자연스럽게 청각으로 집중된다. 다시 말해, 잠들기 전에는 오감 중에서도 특히 청각이 깨어 있는 시간대. 또한 청각계 뇌번지는 하루 중 가장 마지막으로 잠들고 가장 먼저 깨어나는 뇌번지다. 많은 사람들이 아침에 자명종 소리에 잠을 깨는데, 이 자명종 소리에 반응하는 것이 청각계 뇌번지다. 잠을 깨는 동시에 청각계 뇌번지의 활동이 시작되는 것이다.

만일 라디오가 없다면 어둠 속에서 다음 날 행동목표를 10번 정도 소리 내어 말한 뒤 잠을 청한다. 이는 잠들기 전 민감해진 청각에 자극을 준다는 의미에서 같은 효과가 있다. 목표를 소리 내어 말하면 실행하고자 하는 것이 말을 통해 명확하게 의식에 새겨진다. 또한 예습 효과도 기대할 수 있다.

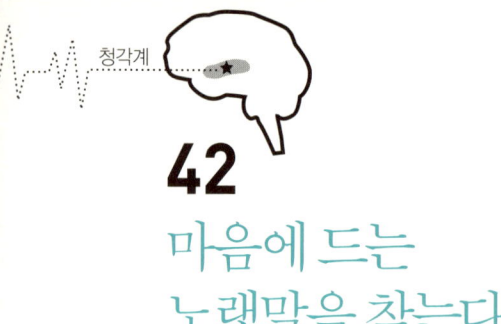

42
마음에 드는 노랫말을 찾는다

거리를 걷다 보면 세상이 매우 다양한 소리들로 가득하다는 사실을 깨닫게 된다. 역에서는 안내방송이 나오고 거리에는 상점에서 음악소리가 흘러나온다. 또 음식점에 들어가도 TV소리나 음악이 들린다. 평소는 이런 소리를 그다지 신경 쓰지 않고 흘려듣는 경우가 많을 것이다. 하지만 귀 기울여 듣고 있으면 의외로 마음에 드는 노랫말이나 구절을 찾을 수 있다.

누구나 한 번쯤 상점 안에서 흘러나오는 노래를 듣고는 '가사가 좋다'라거나 '오늘 내 기분과 꼭 맞는 노래다'라고 느낀 경험이 있을 것이다.

이를 이용해서 거리에서 들리는 노래에 의식적으로 귀를 기울이고 인상에 남는 노랫말을 적어보자. 이 훈련은 청각계 뇌번지를 자극하여 언어를 듣고 이해하는 능력을 향상시킨다.

청각계 뇌번지는 노래를 들었을 때 가사에 반응하는 부분과 멜로디에 반응하는 부분이 각각 다르다. 가사는 언어를 관장하는 좌뇌의 뇌번지가 반응하고, 멜로디는 감각을 관장하는 우뇌에 있는 뇌번지가 반응을 한다. 따라서 평소 무심결에 흘려들었던 노래도 가사를 곰곰히 음미하면서 들으면 여러 측면에서 청각계 뇌번지가 자극을 받게 된다.

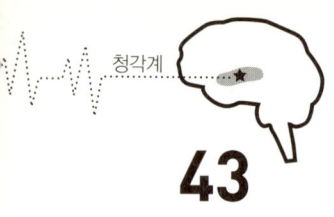

43
회의 발언을 듣고 빠르게 따라 적어본다

국회나 기업 등에는 뛰어난 속기사가 있다. 이들은 회의 중에 참가자의 발언을 빠르게 타이핑하여 의사록을 작성해두었다가 회의가 끝나자마자 참가자에게 배포하는 일 등 회의 기록을 하나도 빠뜨리지 않고 기록하는 일을 한다.

속기는 '듣는 힘'을 단련할 수 있어 청각계 뇌번지가 한층 더 발달된다. 따라서 이것을 청각계 뇌 트레이닝에 응용하면 아주 효과적이다.

사내 미팅이나 지역 모임 등에서 의사록을 작성해야 한다면 적극적으로 서기를 맡아보자. 회의에 참가할 기회가 없는 사람은 TV

나 라디오 등을 이용하는 방법이 있다.

단, 속기할 때는 발언을 적당히 적는 것으로는 충분하지 않다. 시간이 흐른 뒤에도 다시 읽었을 때 누가 어떤 발언을 했는지 알 수 있도록 정확하게 기록해야 한다. 이때 듣자마자 거의 동시에 빠른 속도로 기록해야 한다는 긴장감이 더해져 청각계 뇌번지를 활발하게 움직이게 만든다.

한편, 속기는 들은 내용을 순식간에 판별하는 과정이 필요하다. 모든 발언을 남겨야 하는 것은 아니므로 기록과 동시에 버릴 것을 순간적으로 취사선택해야 한다.

따라서 우선 상대의 말을 한마디라도 더 많이 기록하는 것부터 시작해보자. 말 한 마디, 한 구절 빠짐없이 쓸 수 있게 되면 이번에는 대화 속에서 요점만 뽑아내는 연습을 해보자. 이 훈련을 하면 속기 능력뿐만 아니라 정보를 선별하는 능력도 기를 수 있게 된다. 선별이 능숙해지면 청각계 뇌번지는 놀랄 만큼 강화될 것이다.

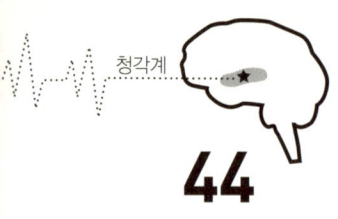

44
뉴스를 보면서 아나운서의 말을 따라 한다

TV 뉴스를 보면서 아나운서의 말을 따라 해보자. 들은 것을 반추하여 정확하게 반복하는 것만으로도 청각을 자극하는 좋은 연습법이다.

처음에는 문장이 길거나 익숙하지 않은 고유명사가 나오면 따라 하기 힘들 수 있다. 하지만 반복하다 보면 한 번만 들어도 정확하게 따라 할 수 있게 된다. 그리고 이 트레이닝을 좀 더 지속하면 들은 내용을 정확하게 기억하는 것이 습관화되어 마침내는 한 번만 들어도 다른 사람의 말을 자연스럽게 기억하는 뇌 회로가 완성된다.

최종적으로는 시간이 지난 뒤에도 세세한 내용을 재현할 수 있는 상태까지 도달하는 것이 목표다. 다만 당장은 그 수준에 이르기는 어려우니 우선 뉴스 한 꼭지를 다 읽은 후에 그 내용을 가능하면 정확하게 재현하는 것부터 도전해보자. 귀로 들은 내용을 정확하게 반복하는 힘이 붙으면 다양하게 응용할 수 있다. 이 훈련을 하면 메모지가 없는 자리에서도 상대의 이야기를 정확하게 기억할 수 있으며 협상 자리에서 중요한 순간에 상대가 말한 내용을 오류 없이 되짚어낼 수 있게 된다.

    무대 위에서 연극배우들이 긴 대사를 한 번도 틀리지 않고 말하는 것을 보고 신기해한 일이 있을 것이다. 대본은 스토리가 있기 때문에 그냥 책을 외우는 것보다는 잘 외워지겠지만, 이들이 긴 대사를 외울 수 있는 것은 반복해서 연습하기 때문이다. 자신과 상대방의 대사를 녹음해 들으면서 외우면 더 수월하게 외워진다고도 한다. 그리고 연극은 공연 기간 동안 매번 같은 대사를 외워 마지막 공연이 다가올 때쯤엔 더 자연스럽게 연기할 수 있게 된다. 평소 듣고 반복하는 연습을 하기 때문에 배우들의 청각은 예리하게 발달되어 있는 것 같다.

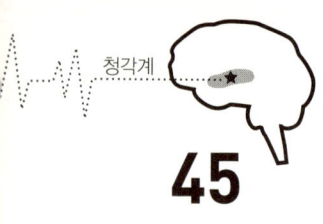

45
파도나 바람 소리 등
자연의 소리에 귀 기울여라

악기 연주는 청각계 뇌번지를 단련하는 데 가장 효과적인 방법이다. 어떤 악기를 사용하는가에 따라 그 소리가 달라지므로 자신에게 친숙한 소리를 만들어두면 그만큼 소리에 민감하게 반응할 수 있다.

나는 아쉽게도 연주할 수 있는 악기가 없다. 청각 훈련에 도움이 되는 것을 잘 알고 있지만 좀처럼 배울 기회를 만들지 못했다. 그 대신 나는 의식적으로 자연의 소리를 들으려 노력해왔다.

내 고향은 바닷가인데 고향에 내려갔을 때는 해안가의 경치를 바라보거나 파도 소리를 귀 기울여 듣곤 했다. 그러다 보니 경치가 바뀌면 그 변화를 쉽게 알아볼 수 있고 들을 수 있게 되었다.

지금은 바다 소리를 듣기만 해도 머릿속에 그날 파도가 이는 모습을 그릴 수 있으며 파도가 높은 곳이 어느 부근인지도 손에 잡힐 듯 선하다. 그리고 파도 소리에 나타난 작은 변화로도 날씨를 짐작할 수 있게 되었다.

악기를 배우지 못했거나 악기를 잘 다루지 못한다면 나처럼 자연의 소리에 주의를 기울이는 것부터 시작해보자.

우리는 일상생활 속에서 다양한 소리에 둘러싸여 있다. 그러나 인간은 인공적인 소리보다는 자연의 소리에 더 많은 즐거움과 기쁨을 느끼는 존재들이다. 마음의 휴식을 위해서도 가급적이면 자연의 소리를 많이 듣고 그 변화에 민감해지는 것이 훌륭한 청각계 뇌번지 트레이닝이 된다.

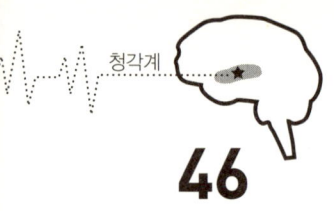

46
멀리 떨어진 테이블의 대화에 귀를 기울인다

'칵테일파티 효과'라는 말이 있다.

주변이 아무리 소란스러워도 좋아하는 사람의 목소리나 관심 있는 이야기는 정확히 귀에 들어올 때가 있다. 반대로 같은 조건인데도 도무지 무슨 말인지 잘 들리지 않고 온통 잡음으로만 들릴 때도 있다. 그 이유는 무엇일까?

그것은 뇌가 많은 소리 중에서 원하는 사람의 이야기나 관심사만 골라서 선택적으로 들을 수 있기 때문이다. 바로 이러한 현상을 '칵테일파티 효과'라고 한다.

이 칵테일파티 효과를 이용해 청각계 뇌번지를 향상시키는 방법이 있다. 예컨대 음식점에 들어가면 자신의 자리에서 조금 떨어진 장소에 앉아 있는 사람들의 대화에 귀를 기울여보는 것이다. 아무리 작은 소리라도 '듣고 싶다'는 의지가 있는 이상, 뇌는 능동적으로 소리를 잡아내려 한다. 듣고 싶다는 의지야말로 적극적으로 뇌를 사용하는 사고이며, 뇌번지를 활성화시키는 원동력이다.

여기서 대화를 듣고 상대의 배경을 추측해보는 것도 중요하다. 멀리서 들려오는 소리에 귀를 기울이면 사소한 대화 내용부터 이야기하는 사람이 어떤 사람인지를 자연스럽게 추측하게 된다. 그리고 '저 사람은 왜 저렇게 말할까?', '저기에 있는 사람들은 어떤 관계일까?'를 생각하게 된다. 이 추측이 다른 사람의 이야기를 듣고 이해하는 힘을 단련시킨다.

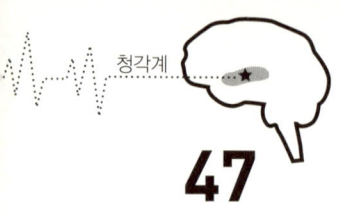

47
특정 소리에 집중하며 음악을 듣는다

많은 소리 중에서 특정 소리만을 골라 듣는 것도 청각계 뇌번지를 강화하는 방법이다. 예컨대 오케스트라의 연주를 들으면서 바이올린이나 첼로 등 특정 악기 소리만을 골라 듣는 것이다.

앞에서도 말했듯이 가사를 듣는 것과 연주를 듣는 것은 사용하는 뇌번지가 다르며, 둘 다 제대로 발달되어 있지 않은 경우가 대부분이다.

사람은 성장하는 과정에서 언어를 듣고 판단하는 능력보다 소리를 구분하는 능력을 더 빨리 습득한다. 이것은 언어를 이해하지 못하는 아기가 음악에 맞춰 몸을 흔드는 것만 보아도 잘 알 수 있을 것이다. 단 유아기에 익히는 능력은 표면적인 것에 지나지 않으므로 이 트레이닝은 청각계 뇌번지의 기초를 다시 단련한다는 의미에서 효과적이다.

특정 소리만을 주목하면 그때까지 깨닫지 못했던 의외의 사실을 발견할 수 있다. 계속 흘려들었던 노래라도 왠지 특정 악기 소리 하나가 강하게 인상에 남거나 무언가 중얼거리는 소리로만 들리던 것이 불경을 편곡한 것이었음을 알게 되기도 한다. 이러한 특정 소리를 쫓는 트레이닝은 청각계 뇌번지를 성장시키는 데 매우 중요하다.

이밖에도 노랫말 중에서 핵심 문구를 찾으면서 들어보거나 첫 음계를 맞춰보는 등 방법을 달리하면 하나의 곡을 다양하게 들을 수 있다. 음악을 들을 때는 평소와는 조금 다르게 듣는 방법을 연구해보자.

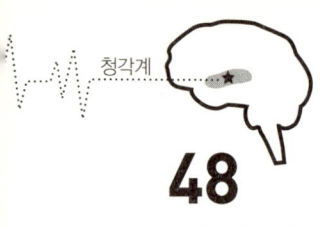

48
상대방의 말에
다양한 방법으로 맞장구친다

경청의 1단계는 맞장구를 잘 치는 것이다. 맞장구를 잘 쳐 주는 사람과 대화를 나누면, 마음속에 담아 놓은 이야기까지 자연스럽게 말할 정도로 말이 술술 잘 나오게 되고, 대화가 편안하고 즐거워진다.

앞에서도 말했지만, 적절한 타이밍에 맞장구를 치거나 고개를 끄덕이는 것은 남의 말을 경청하는 사람이 되는 가장 기본적인 기술이다. 그러므로 대화를 할 때는 의식적으로 상대의 말을 듣고 리액션하는 훈련을 해보자.

단, 타이밍이 적절해도 항상 같은 리액션만 한다면 상대가 싫증을 느낄 수 있다. 한편 맞장구를 잘못 치면 이야기가 의도하지 않은 방향으로 벗어나거나 상대방에게 불쾌감을 줄 수 있으니 주의하자.

예컨대, "그렇군요"라는 말도 어떻게 말하느냐에 따라 상대가 느끼는 것이 전혀 다르다. "그렇군요!"라고 하면 상대의 말에 전면적으로 찬성한다는 느낌을 주지만 "아, 그렇군요…"라고 말하면 입으로는 동의하면서도 무언가 석연치 않은 느낌이 전해진다. 또 상대가 말을 마치고 나서 잠시 시간을 두고 "그렇군요"라고 하면 잘 생각한 후에 납득했다는 메시지를 줄 수 있다.

"어. 어" 이런 식으로 같은 단어를 기계적으로 여러 번 반복하기보다, 감정에 맞게 목소리의 높낮이와 표정의 변화가 있어야 진정성 있게 들린다. 예를 들면, 동의를 하는 "맞아, 그랬구나", 확인을 하는 "정말? 그랬어?", 대화를 촉진시키는 "그래서? 어떻게 됐는데?" 라는 표현 등 대화를 부드럽게 이어지게 만드는 맞장구 기술이 있다.

이처럼 맞장구는 상대방이 하는 말에 다양한 표현으로 재빠르게 맞장구를 쳐야 하기 때문에 이야기에 집중하게 되고, 이는 결과적으로 청각을 훈련하는 데 도움이 된다.

한 귀로 듣고 한 귀로 흘리는 이유

상대방의 이야기를 듣다가 지루하다고 생각되는 순간 갑자기 들은 이야기가 하나도 생각나지 않았던 적이 있을 것이다. 상대의 말소리가 분명히 들리는데 그 소리가 머릿속을 그대로 통과해버린다. 이는 정보가 청각계 뇌번지에서 갈 곳을 잃었기 때문이다.

원래 음성 정보는 이해계 뇌번지로 이동되어 그곳에서 음성을 잠시 보관하면서 그 의미를 분석하므로 내용을 잊어버리는 일이 없다. 반면에 음성 정보가 갈 곳을 잃게 되면 뒤에 계속 새로운 소리가 들어오므로 언어가 그 번지에서 사라지게 되는 것이다.

이를 반대로 적용해서 다른 사람의 이야기를 흘려들을 것이 아니라 의미를 이해할 수 있을 때까지 머릿속에 남기려 의식한다면 언어는 사라지지 않고 오래 머물 것이다.

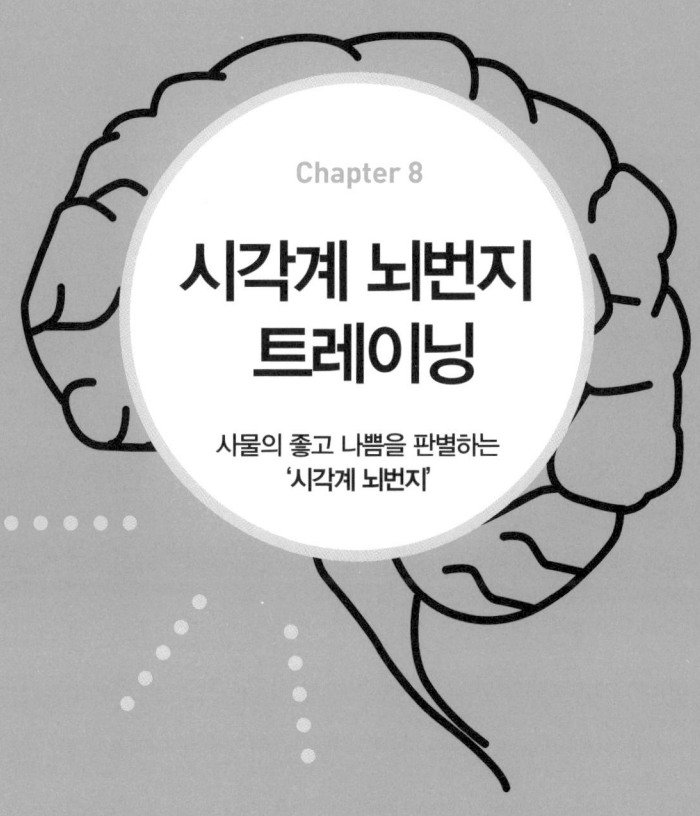

Chapter 8

시각계 뇌번지 트레이닝

사물의 좋고 나쁨을 판별하는
'시각계 뇌번지'

사물의 좋고 나쁨을 판별하는
시각계 뇌번지

후두부에 위치하는 시각계 뇌번지는 양쪽 눈 바로 뒤쪽의 시신경에 연결되어 있다. 방에 누웠을 때 머리에 베개가 닿는 부분에 있다고 생각하면 된다. 좌뇌의 시각계 뇌번지는 언어계 뇌번지로 주로 글자를 읽는 역할을 한다. 한편, 우뇌 쪽은 영상이나 화상을 볼 때 사용되는 비언어계 뇌번지다.

만화를 읽을 때 말풍선의 대사를 읽고 이해하는 사람이 있는 반면, 그림만 보고도 내용을 이해하는 사람이 있다. 전자는 좌뇌 쪽 뇌번지가 발달한 '언어계 인간', 후자는 우뇌 쪽 뇌번지가 발달한 '시각계 인간'으로 분류되는데 약 7대 3의 비율로 언어계 인간이 많다. 또 학교 성적이 우수한 사람은 대부분 언어계 인간이다.

MRI로 시각계 뇌번지의 가지를 보면 직업에 따라 좌뇌, 우뇌의 발달 정도가 크게 다르다. 일반적인 직업의 사람들은 대부분 좌뇌 쪽, 즉 언어계 뇌번지가 발달하지만, 자동차 개발에 종사하는 기술자는 우뇌 쪽 시각계 뇌번지의 발달이 두드러진다. 이들의 경우, 자동차라는 물체를 보면서 설계하는 것만으로도 자연히 비언어계 뇌번지가 발달했을 것이다. 레이서나 화가, 디자이너도 시각계 뇌번지가 발달하여 영상만 보고도 이해하는 능력이 뛰어나다.

시각계 뇌번지는 무언가를 보는 번지, 움직임을 감지하는 번지, 눈으로 본 것을 판별하는 번지, 이 3가지로 나눌 수 있다. 여기서 말하는 판별이란 사물의 차이를 구분할 뿐 아니라 사물의 좋고 나쁨까지 판단한다. 차이를 아는 것과 좋고 나쁨을 아는 것은 비슷하면서도 다르다. 그러므로 눈으로 보거나 움직임을 감지하는 것은 가능해도 판별할 수 있기까지는 시간이 걸린다.

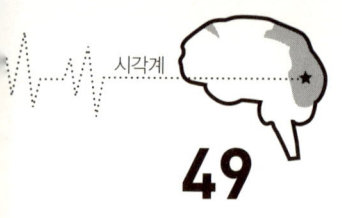

49
혼잡한 길에서
남과 부딪치지 않게 걷는다

　기차역 광장이나 상점가처럼 번화가를 걷다 보면 사람들이 많아 좀처럼 앞으로 나아가기 힘든 경우가 있다. 이런 상황에서도 시각계 뇌번지를 단련할 방법이 있다.
　인파 때문에 빈틈이 없어 보이지만 주의해서 찾아보면 의외로 한 사람 정도의 공간은 발견할 수 있다. 진행 방향에 있는 빈 공간을 찾아 어떤 길로 가면 빨리 앞으로 나아갈 수 있는지를 판단하면서 가보자.
　사실 나는 이 방법을 나도 모르게 무의식적으로 실천하고 있음을 깨달았다. 어느 날엔가 내 행동을 객관적으로 관찰하다가 혼잡한 곳에서 나도 모르게 빈틈을 찾아 이동하고 있었기 때문이다.

'아무 생각 없이 걷는 것 같아도 실은 시선을 격렬하게 움직이고 있었군' 하고 스스로 놀랐을 정도다. 독자 여러분 중에도 나처럼 시각계 뇌번지 트레이닝이라는 의식 없이 이런 행동을 오래 전부터 습관처럼 해온 사람이 있을 것이다.

이러한 행동을 할 수 있는 것도 뇌가 진행방향에 있는 장애물을 정확하게 인식하고 있기 때문이다. 무턱대고 보는 것이 아니라 빈 공간이 어디에 있는지 파악하려고 자발적으로 정보에 접근하는 것이다.

이 트레이닝에서 가장 중요한 것은, 빨리 걷기가 아니라 빈 공간을 확실하게 찾되 다른 사람과 부딪치지 않고 걷는 것이다. 그러나 빈 공간을 너무 무리해서 찾다가는 자칫 다른 사람을 밀칠 수 있으므로 주의하자.

50
차창 밖의 간판에서 숫자 '5'를 찾는다

버스에서 창밖을 바라보고 있으면 가끔 재미있는 간판을 발견할 수 있다. 어떤 지인은 창밖을 보다가 매우 큰 글씨로 '앗!'이라 적힌 간판을 발견하고 흥미를 느낀 나머지 일부러 차에서 내려 찾아가본 적이 있다고 한다(실제로는 '앗!' 옆에 '곤란할 때는'이란 광고가 있었다고 함).

차창 밖의 간판을 바라보는 것은 동체시력을 기르는 데도 도움이 된다. '보는 힘'을 강화하고 싶다면 버스나 차를 탔을 때 적극적으로 차창 밖으로 눈을 돌려보자.

예컨대 '병원 간판을 찾아보자', '노란색 간판을 찾아보자', '간판

중에서 숫자 5를 찾아보자'라는 식으로 테마를 설정하는 것도 좋다. 예컨대 '5'를 찾는 목표를 설정하면 뇌는 어떻게든 '5'를 찾아내려 한다. 이렇게 특정 문자를 찾으려 노력하면 시각계 뇌번지의 기능이 강화된다.

바깥 경치를 보는 것은 '어디에 무엇이 있을까?'를 이해하는 것이므로 시각계 뇌번지 중에서도 공간을 파악하는 번지가 자극을 받는다. 또한 공간을 파악하는 뇌번지는 두정부 부근에 있고 움직이는 것을 인식하는 뇌번지는 머리 측면의 측두엽 위치에 있다. 측두엽은 본 것을 지식으로 축적하는 기능이 있다고 알려져 있다.

지하철을 타고 있을 때는 천장의 광고에도 눈을 돌려보자. 한참을 보고 있으면 정지해 있는 것을 보는 힘(정지시력)을 기를 수 있다. 광고 문구를 한 글자씩 읽으면 언어 관계를 관장하는 시각계 뇌번지를 단련할 수 있을 뿐 아니라 어휘력도 발전한다. 또한 컬러 사용이나 디자인에 주목하면 '왜 이 로고는 이런 색을 썼을까?', '이 디자인은 어째서 눈에 띄지 않을까?'와 같이 다양한 각도에서 광고를 분석할 수 있다. 이처럼 제작자의 의도를 찾음으로써 눈으로 보고 좋고 나쁨을 판단하는 시각계 뇌번지의 감정 기능을 단련할 수 있다.

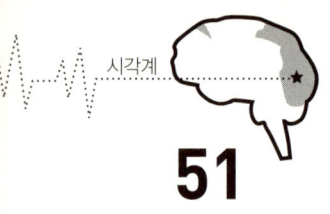

51

오셀로 게임에서
흑백의 말을 서로 맞바꾼다

두뇌개발 놀이로 '오셀로 게임'이 있다. 64구획의 판에 흑백의 양면으로 이루어진 돌을 나눠 갖고 하나씩 두다가 상대편의 말을 자기의 말 사이에 끼이게 하여 자기 말의 색으로 바꾸어 가는 게임이다.

나는 아이들과 오셀로 게임을 할 때 게임하는 중간에 흑백의 말을 서로 맞바꾼다. 다시 말해, 자신이 둔 말의 색을 상대방과 바꿔 두는 것이다. 이것도 시각계 뇌 트레이닝의 하나다. 목적은 상대의 입장에 서서 상황을 읽는 것에 있다. 그런데 게임 도중에 흑백의 말을 바꾸면 어떻게 될까?

바로 직전까지는 과감하게 공격을 하다가도 입장이 바뀌는 순간에 공격수가 없어져버린다. 이 같은 상황에 빠지면 우리 뇌는 자신이 놓인 상황을 파악하고 방어할 방법을 찾으려 필사적으로 움직인다.

이처럼 공격과 방어를 바꾸는 것만으로 눈앞의 상황을 분석하고 정확하게 판단하는 능력을 기를 수 있다. 여기서 '이 트레이닝은 사고계 뇌번지의 트레이닝이 아닌가?' 하고 의문을 제기하는 사람도 있을 것이다. 물론, 사고계 뇌번지도 자극은 받지만, 역시 단련되는 것은 시각계 뇌번지다. 눈으로 본 정보를 어떻게 처리할지를 생각하는 것이 시각계 사고를 단련하는 데 도움이 된다.

이러한 상황은 현실적으로 눈에 보이는 것뿐 아니라 뇌 속에서 보이는 것도 있다. 인간은 원숭이에서 진화하는 과정에서 '실제로는 보이지 않지만, 머릿속으로 볼 수 있는' 시각 처리에 관한 뇌번지가 발달되어 있다. 예컨대 원숭이는 테이블에 바나나가 3개 있는 것을 보고 '바나나가 3개 있다'라고 이해하지만, 바나나가 테이블에서 없어지면 그곳에 바나나가 있었던 것을 잊어버린다. 반면 인간은 원숭이보다 오래 기억할 수 있으므로 '지금까지 테이블에 원래 바나나가 3개가 있었는데 없어졌다'라고 이해할 수 있다.

시각계 뇌번지를 단련하려면 단순히 눈앞의 것을 보는 것뿐 아니라 본 것을 분석할 줄 알아야 한다.

52
패션 잡지를 오려내 자신의 옷을 코디한다

사람들 대부분은 패션 잡지를 볼 때 '나도 이렇게 한 번쯤 입어보고 싶다'라고 생각하면서도 실천으로 옮기지 못할 때가 많다. 이때 패션 잡지를 보는 방법에 조금 변화를 주면 시각계 뇌번지에 자극을 줄 수 있다.

잡지 속 사진 중에서 마음에 드는 옷을 오려서 모아보자. 사진을 오리는 행동을 통해 뇌에 좀 더 명확한 이미지를 심어줄 수 있다. 원래 패션 잡지 자체가 독자에게 '나도 이렇게 되고 싶다'라는 이상형을 제공하는 매체다. 하지만 사진을 보는 것만으로는 결국 '이쁘다'라는 생각으로만 끝나게 된다.

반면 코디해보겠다는 목표를 세우고 사진을 오리면 그 패션이 자신의 이상형을 구성하는 하나의 콘텐츠가 된다. 바꿔 말하면, 사진을 오리는 것은 취재이며, 사진을 모아 이상형을 정리하는 것은 편집이 될 수 있다. 이렇게 필요한 소재를 모아 조합시켜보면 단순하게 눈으로만 보았던 정보가 현실적으로 뇌에 들어온다.

즉, 이것은 패션 잡지를 주체적으로 보는 방법이다. 잡지를 보면서 '이쁘다', '멋진데'라고 생각하는 것은 잡지를 만든 쪽의 의도대로 생각하는 것에 지나지 않는다. 반면 그 잡지의 사진을 오려 자기 방식으로 정리하면 시각계 뇌번지를 주체적으로 사용하게 된다.

응용 편으로, '그녀에게는 이런 조합이 어울리지 않을까?'라는 식으로 제3자에게 어울리는 관점에서 잡지를 모아도 재미있을 것이다. 그것을 상대에게 보여주고 비평을 듣는다면 자신의 센스를 점검하는 기회도 된다.

또한 사진의 의상을 보고 '나는 롱스커트가 어울릴까, 아니면 미니스커트가 어울릴까?', '이 경우 모자가 필요할까, 필요하지 않을까?' 등 사진에 실리지 않은 아이템도 함께 생각하면 상상력을 키우는 훈련이 될 수 있다.

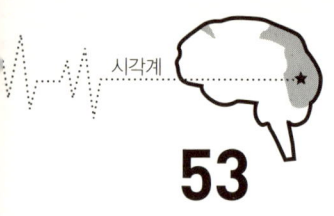

53
자신의 얼굴을 스케치한다

고흐를 비롯해 유명한 화가들은 대부분 자화상을 그렸다. 그들에게 자화상은 습작품이었겠지만, 일반인이 자신의 모습을 그리는 것은 시각계 뇌번지를 단련하는 훌륭한 트레이닝이 된다.

외모를 그리다 보면 대상을 다양한 각도에서 바라보고 평소 크게 주목하지 않던 부분을 의식하게 되므로 그 자체가 뇌를 활성화시킨다. 게다가 그 대상이 자기 얼굴이라면 더더욱 그렇다. 늘 보는 얼굴을 객관적으로 바라보게 되므로 뇌가 신선한 자극을 받는 것이다.

자화상은 머리 스타일이나 안경을 바꾼 날처럼 외모에 어떤 변화가 있을 때 그리는 것이 좋다. 머리카락을 자른 경우라면 일주일 전 모습과 자른 당일의 모습을 그려 비교해보는 것도 좋다. 이를 통해 머리카락을 자르기 전 자신의 심경을 되돌아볼 수 있기 때문이다. 또 그릴 때는 세부적인 부분까지 신경을 쓰는 편이 특징을 좀 더 확실히 인식할 수 있다.

자화상을 통해 평소 깨닫지 못했던 자신의 변화를 발견하면 매우 색다른 느낌을 받게 된다. 가능한 한 의외의 발견을 많이 하기 위해서라도 세부까지 꼼꼼하게 그리자.

또한 초등학생 시절에 그렸던 그림일기를 응용하는 것도 시각계 뇌번지를 단련하는 좋은 방법이다. 예컨대 기르고 있는 꽃이나 식물의 생장 기록을 그림일기장에 그려보는 것이다. 세세하게 스케치하는 과정에서 뇌에 자극을 주는 것은 물론이고, 싹이 나고 꽃이 피고 열매가 맺히고 말라가기까지를 시간을 두고 관찰해 나가면 생장의 흐름이나 주변 환경에 따른 성장의 차이를 시각적으로 알 수 있다.

앞에서도 말했듯이 꽃을 관찰하면서 "물을 마시고 싶니?"라는 등 꽃과 소리 내어 대화를 나누는 것도 감정계 뇌번지까지 활성화시키는 방법이다.

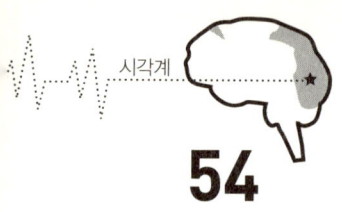

54
거울을 보면서
10가지 표정을 짓는다

조금 갑작스런 질문이지만, 당신은 웃고 있을 때나 화가 났을 때 혹은 슬플 때 자신이 어떤 표정을 짓고 있는지 머릿속으로 그려 볼 수 있는가?

여기서는 거울을 보면서 얼굴 표정에 변화를 주는 트레이닝을 소개한다. 이 트레이닝으로 자신의 표정을 시각계 뇌번지에 입력시킬 수 있다. 거울 앞에서 자신의 다양한 표정을 관찰함으로써 웃고 있을 때나 화가 날 때 자신의 실제 표정을 떠올릴 수 있다.

이것은 이른바 머릿속으로 자신의 얼굴을 보는 것이라 할 수 있다. 앞에서도 말했듯 시각계 뇌번지가 반응하는 '본다'는 행위에는 2가지 종류가 있다. 하나는 실제로 눈으로 보거나 그 물체의 움직임을 보는 경우, 또 하나는 현실적으로 보고 있지 않은 것을 기억이나 상상에 의존해 머릿속으로 보는 경우다. 이 트레이닝과 관련 있는 것은 후자로, 자신의 얼굴을 시각계 뇌번지에 매일 새롭게 입력시킴으로써 상상력을 풍부하게 하려는 목적이다.

자신의 얼굴을 잘 보지 않는 사람은 표정을 상상하지 못해서 마음껏 웃고 싶어도 잘 웃을 수가 없다. 결과적으로 표정이 빈약해져 '저 사람은 붙임성이 없다', '항상 무표정해서 무슨 생각을 하는지 알 수가 없다' 등의 오해를 받게 된다. 매일 거울로 자신의 얼굴을 보고 10가지 이상의 희로애락의 표정을 짓는 연습을 해보자.

웃는 표정에도 호탕한 웃음, 쓴웃음, 희비가 엇갈린 복잡한 웃음 등 다양하다. 또한 화를 낼 때도 격하게 화낼 때와 침묵으로 분노를 드러낼 때가 표정이 달라진다.

평소 감정을 크게 드러내지 않는 사람에게는 10가지 이상의 표정을 짓기가 어려울 수 있지만, 인내심을 가지고 매일 연습한다면 언젠가는 다양한 표정을 지을 수 있을 것이다.

55
영화나 드라마의 등장인물을 모방한다

　만화 속 영웅인 파워레인저나 아이언맨 등은 남자 아이들에게 오랫동안 동경의 대상이었다. 공원이나 마트, 거리 어디를 가나 아이들이 영웅을 모방하는 모습을 보기란 어려운 일이 아니다. 흥미로운 것은, 이 모방이라는 행위가 시각계 뇌번지에 큰 영향을 준다는 점이다.

　아이들이 영웅놀이를 하는 것은 그들처럼 되고 싶다는 희망 때문이다. 그런 마음으로 TV나 DVD를 보면 자신도 모르는 사이에 영웅에 관한 정보를 흡수하게 된다. 다시 말해, 모방을 하기 위해 능동적으로 TV를 보는 것이다.

　그런데 영화나 TV를 보고 '아, 저렇게 되고 싶다'라고 생각하는 것은 아이들에 국한된 이야기가 아니다. 성인도 드라마의 주인공이 입은 옷이 멋있을 때면 자신도 그 옷을 입어보고 싶다는 충동을 느낀다. 영화나 드라마의 촬영지에 가보고 싶다는 생각도, 실제로 주인공에게 감정이입을 하는 것도 하나의 모방이라 할 수 있다.

시각계 뇌번지는 단순히 영화나 TV를 볼 때도 기능하지만, 등장인물이 몸에 걸친 의상이나 이야기의 무대에 흥미를 가지고 능동적으로 작품에 관여하면 좀 더 강한 자극을 줄 수 있다. 따라서 자신이 되고 싶은 모습이 있다면 적극적으로 모방할 필요가 있다.

요컨대 단순히 보기만 하는 데서 벗어나 직접 행동으로 옮기려 하는 것만으로도 뇌번지는 완전히 다르게 기능한다. 그저 보는 상태에서는 뇌가 수동적인 상태에 있지만, '하고 싶다'라고 생각하는 순간 정보를 주체적으로 받아들이기 때문에 뇌가 활발하게 움직인다.

수동적으로 생활하다 보면 많은 정보들이 아깝게 스쳐가버린다. 하지만 '보고 싶은 것'을 명확하게 의식하고 있으면 수많은 정보 속에서 자신에게 정말로 필요한 것을 선택할 수 있는 능력이 생긴다.

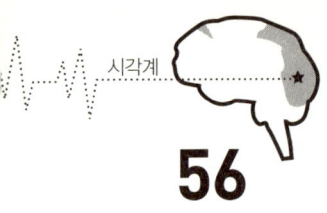

56
길에서 마주치는 사람의 성격을 추측해본다

거리를 걷다 보면 길거리 한가운데 서 있거나 여럿이 나란히 걸으며 다른 사람들의 앞길을 가로막는 경우를 볼 수 있다. 나도 전에 걷고 있는데 자전거를 탄 여성이 속도를 내며 돌진해 와 충돌할 뻔한 위험한 일이 있었다. 결국 내가 아슬아슬하게 자전거를 피하기는 했지만, 그때는 정말이지 화가 났었다.

뇌과학적으로 보면 이러한 행동을 하는 사람은 시각계 뇌번지의 훈련이 부족하기 때문이라 할 수 있다. 그 여성도 사람이 붐비는 속에서 빈 공간을 찾는 훈련을 했다면 그런 일은 피할 수 있었을 것이다. 단, 그때의 경험이 없었다면 내가 지나가는 사람에게 주의를 기울이는 일은 없었을지 모른다.

실제로 거리에서 옆을 스쳐 지나가는 사람이 어떤 사람인지 생각하면서 그 사람을 관찰하는 것은 시각계 뇌번지를 단련하는 기회가 된다.

당연한 말이지만 우리는 거리에서 스쳐가는 사람의 직업이나 성격, 사고방식은 전혀 모른다. 그를 둘러싼 배경을 전혀 모르면서 얼굴 생김이나 분위기, 복장 등으로 '이 사람은 상냥한 사람일 것 같다', '이 사람은 그다지 사교적이지 않을 것 같은데' 하고 상상할 수밖에 없다. 그러나 이렇게 적극적으로 상대의 특징을 파악하려는 노력이 시각계 뇌번지를 더욱더 단련시킨다.

다만 길거리에서 스쳐가는 사람을 짧은 시간에 세심하게 관찰하기란 쉽지 않은 일이다. 그런 경우에는 그 사람의 이미지를 순간적으로 기억하고 그와 비슷한 연예인이나 스포츠 선수, 혹은 친구가 없는지 생각해보면 좋을 것이다. 이는 시각적 정보를 분석하고 누군가의 얼굴을 떠올려 대조하고, 확인하는 두 개의 작업을 동시에 하는 매우 수준 높은 정보처리 작업이다.

시각계

57
공공장소가 더러워지는 과정을 관찰한다

앞에서도 이야기했지만, 기본적으로 청소나 세탁은 뇌번지에 좋은 영향을 준다. 그것은 시각계 뇌번지에도 예외가 아니다. 그러므로 공공장소에서 쓰레기 줍기를 습관화하기를 권장한다.

평소에는 무심결에 지나가던 장소라도 잘 보면 많은 쓰레기가 떨어져 있기 마련이다. 담배꽁초, 빈 캔, 페트병 등이 눈에 띌 것이다. 더러워진 곳을 발견하면 주변을 깨끗하게 청소해보자.

그런데 아무리 깨끗한 곳이라도 시간이 조금만 지나면 다시 새로운 쓰레기가 버려질 것이다. 불특정 다수의 사람이 다니는 장소이므로 어찌 보면 당연한 일이지만 청소한 사람에게는 그 장소가 조금 다르게 보인다. 한 번 깨끗한 상태를 보았으므로 지속적으로 관찰하면 그 장소가 왜, 어떻게 더러워지는지 잘 알 수 있게 된다. 결국, 이 트레이닝에서 중요한 것은 청소 그 자체보다 청소한 후에 더러워지는 과정을 살펴보는 것이다.

자신이 청소했던 장소를 보고 '또 꽁초가 떨어져 있네?', '이 쓰레기는 누가, 언제 버렸을까?' 하고 생각하는 것은 그만큼 주변 오염에 민감해졌기 때문이다. 주변이 더럽혀지는 상황을 쉽게 알아차리는 이런 감각이 시각계 뇌번지에 자극을 준다.

이 트레이닝을 하면 시각 능력뿐 아니라 또 다른 능력을 단련할 수 있다. 그것은 발상력이다. 신선한 발상이란, 생각지 못한 곳에서 생각지 못한 일이 발생했을 때 생겨나는 것이다.

공공장소는 불특정 다수의 사람이 사용하는 만큼 상상도 하지 못한 방식으로 더러워지거나 의외의 쓰레기가 버려진다. '왜, 이런 곳이 더러워졌을까?', '왜 이곳에 이런 쓰레기가 버려졌을까?'라는 놀라움이 독특한 발상을 낳는 원천이 된다.

뇌 칼럼

영어 공부와 뇌번지

　영어 실력을 기르려면 영어 삼매경에 깊이 빠져야 한다고 생각하고 있지 않은가? 사실 이 생각이 꼭 옳다고 할 수는 없다.

　영어를 할 때는 듣기, 말하기, 이해하기, 쓰기 등의 능력이 필요하다. 실제로 영어로 대화할 때는 이들 능력과 관련된 뇌번지가 작동해야 하는데, 그중에는 '영어를 사용해야만 단련되는 뇌번지'와 '영어를 사용하지 않아도 단련되는 뇌번지'가 있다.

　예를 들어 청각계 뇌번지를 단련해서 다른 사람의 이야기를 한마디라도 놓치지 않고 들을 수 있다면 영어를 알아들을 때 큰 도움이 된다. 단, 이때 듣는 음성이 꼭 영어일 필요는 없다. 평소 말을 할 때 다른 사람의 이야기를 주의해 듣는 습관을 들이면 된다. 다시 말해 영어를 꼭 공부하지 않아도 영어 실력의 기본을 닦을 수 있다.

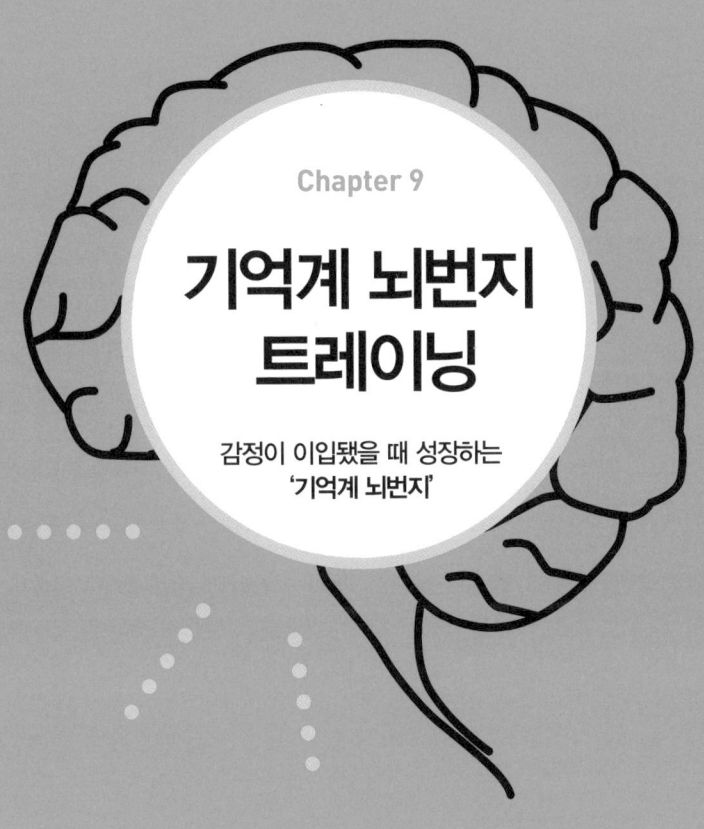

Chapter 9

기억계 뇌번지 트레이닝

감정이 이입됐을 때 성장하는
'기억계 뇌번지'

감정이 이입됐을 때 성장하는
기억계 뇌번지

　뇌 중심부에는 기억 축적과 깊은 연관이 있는 해마라는 기관이 있는데, 이것은 좌뇌와 우뇌 각각에 존재한다. 이 해마의 주변에는 기억계 뇌번지가 위치한다. 좌뇌 쪽은 언어의 기억, 우뇌 쪽은 영상 등 비언어의 기억을 담당한다. 기억은 '지식의 기억'과 '감정의 기억' 두 종류가 있다. 전자는 사고계 뇌번지, 후자는 감정계 뇌번지와 밀접한 관계가 있으며 이 둘은 기억의 경로가 조금 다르다.

　어떤 슬픈 일에 직면했을 때 우리는 문득 그와 전혀 관계없는 과거의 슬픈 기억이 떠오르는 경우가 있다. 이것이 바로 '감정의 기억'이다. 마음이 심하게 동요하게 되면 그때까지와는 다른 경로의 기억이 되살아난다.

　기억계 뇌번지가 발달하는 직업으로는 통역사와 역사가 등을 들 수 있다. 풍부한 지식이 필요한 직업인만큼 '역시 머리가 좋아야 기억력이 좋다는 말인가?' 하고 생각할 수 있지만, 그것은 오해다. 기억계 뇌번지는 지식과 감정을 연동시키지 않으면 자극을 받지 않으므로 단순히 기억력만을 향상시켜서는 기억계 뇌번지를 단련할 수 없다. 다시 말해 기억계 뇌번지를 단련하려면 반드시 사고계나 감정계 뇌번지와 연결해야 한다는 의미다.

따라서 기억력이 떨어졌다고 해서 떨어진 기억력을 억지로 끌어올리려는 시도는 큰 효과를 보기 어렵다. 기억력을 강화하고 싶다면 연결된 사고계나 감정계를 단련해야 한다. 사고나 감정과 연동시켜 기억할 수 있는 상황을 만든 후 지식을 입력하는 편이 기억에 똑똑히 남으며 쇠퇴한 기억력을 다시 향상시킬 수 있다.

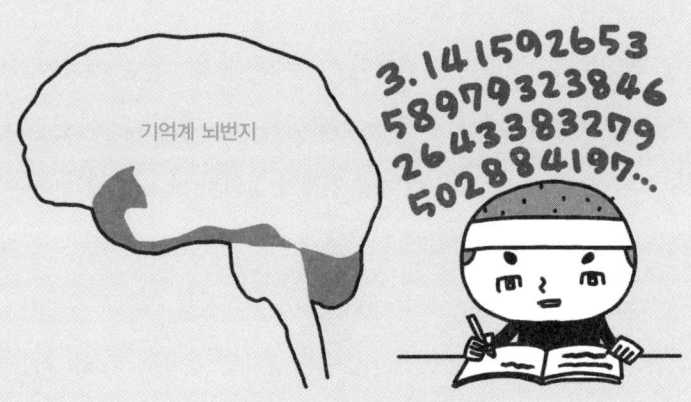

* 이 밖에 대뇌 안쪽에 있는 H번지(해마)가 여기에 포함된다.

58
서로 관계없는
지인의 공통점을 찾는다

기억이란 사고와 행동을 촉구하는 정보로써, 각각의 뇌번지 사이를 끊임없이 오가고 있다.

초면인데도 전에 자신이 신세졌던 사람과 많이 닮은 것 같아 왠지 마음이 끌리거나 기억에 또렷이 남는 경우가 있다. 이것은 뇌 속에 축적되었던 과거의 기억이 현재의 정보와 매치된 결과다. 이것을 응용해 자신의 지인이나 친구 중에서 두 명을 무작위로 골라 그 사람들의 공통점을 찾아보면 기억계 뇌번지를 단련할 수 있다. 선별된 두 사람은 서로를 전혀 몰라도 상관없다. 오히려 유사점을 줄이기 위해 한 명은 직장 동료, 또 한 명은 중학교 동창과 같이 자신과 관련된 장소나 시기가 다른 사람을 고르는 것이 좋다.

물론 접점이 전혀 없는 두 사람의 공통점을 찾는 것은 그다지 간단한 일이 아니다. 하지만 혈액형이나 고향, 나이, 성격, 기호 등 다양한 항목을 비교해보면 얼마나 상대를 모르고 있었는지 알게 될 것이다. 만일 어느 한쪽의 정보가 없는 경우에 다음과 같이 다른 한 명의 정보를 토대로 추리해보는 것도 재미있을 것이다.

'Q는 전형적인 A형으로 진지한 성격이지만, P는 이따금 매우 대담한 행동을 하므로 성격은 정반대다. 따라서 P는 B형이 아닐까?'

이렇게 생각할 수 있는 것도 두 사람의 데이터가 정확히 자신의 뇌에 축적되어 있기 때문이다. '무언가 공통점이 없을까?'를 생각하면 두 사람에 관한 기억을 더듬으며 다양한 항목을 비교하게 되는데, 이때 기억계 뇌번지가 많은 자극을 받으리란 것은 더 말할 필요도 없다.

59
하루 20분의
암기 시간을 갖는다

어느 대학교수에게서 들은 이야기다. 교수는 자택에서 대학까지 택시를 타고 가면서 자신의 연구 분야와 관련된 책을 읽고 그 내용을 기억하는 습관이 있다고 했다. 학교가 가까워 오는데도 끝까지 다 읽지 못했을 때는 시간을 벌기 위해 일부러 멀리 돌아가는 경우도 있었단다. 언뜻 보기에는 이상한 공부법인 것 같아도 그에게는 이 방법이 가장 집중하기 쉽고 책의 내용을 확실하게 기억할 수 있는 방법인 것이다.

이 공부법은 뇌의 관점에서 보면 매우 합리적이다. 뇌는 데드라인이 명확하면 그때까지 어떻게든 작업을 마치려는 경향이 있다.

그러므로 이 교수의 경우에는 학습 공간을 차 안으로 한정함으로써 택시가 도착할 때까지 기억해야만 한다는 의식이 강하게 작용해 집중할 수 있는 것이다.

모든 사람이 이 방법을 똑같이 따라 할 수는 없지만, 이것을 응용하는 방법이 있다. 매일 시간을 내서 정신을 집중해 무언가를 기억해보는 것이다. 바쁜 와중에 일정 시간을 확보하기가 어려울 수 있다. 그러므로 하루에 20분 정도씩이라도 시간을 만들자.

공부 시간을 1시간씩 내는 것은 어렵지만 20분이라면 산책을 할 때나 출퇴근 시간에 짬을 낼 수 있을 것이다. 이 역시 어렵다면 잠자기 전 10분간이라도 괜찮다. 암기 타임은 자신의 생활 패턴에 따라 설정하자. 단, 기억계 뇌번지를 활성화시키려면 뇌가 데드라인의 존재를 확실하게 의식하도록 만들어야 한다.

60 시대의 변화에 발맞춘 신조어를 구상해본다

해마다 SNS를 타고 수많은 신조어들이 탄생하고 있다. 신조어 탄생은 사회 분위기를 반영하며, 대중의 트렌드를 한 단어로 압축한 단어라고 할 수 있다. 특히 짠내나는 직장인의 고충을 빗댄 신조어가 많은 공감을 자아내고 있는데 그 중 몇 가지를 알아보자.

직장인이 주로 사용하는 신조어 1위는 '퇴준생'이다. '취준생(취업준비생)'에서 파생된 말로 근무 시간이나 연봉이 더 나은 회사로 이직하고 싶어 퇴사를 준비하는 사람들을 말한다. 2위는 '워라밸(Work and Life Balance의 준말)'로 연봉에 상관 없이 높은 업무 강도에 시달리거나, 퇴근 후 SNS로 하는 업무 지시, 잦은 야근 등으로 개인적인 삶이 없어진 현대사회를 빗대는 말이다. 3위는 '타임

푸어'로 일에 쫓겨 자신을 위한 자유 시간이 없는 사람을 뜻한다. 4위는 '직장살이'로, 시집살이를 빗대어 직장 내 상사, 선배, 동기들의 등쌀에 시달리는 고충을 뜻하는 신조어다. 5위는 '쉼포족'으로, 휴식을 포기할 만큼 바쁘고 고달픈 삶을 사는 직장인을 일컫는다.

이 밖에도 혼자 밥을 먹는 사람을 가리키는 '혼밥족', 회사의 가축처럼 일하는 직장인을 빗댄 '사축', 직장에 다니면서 '급여'를 받는 사람들이 사용하는 언어를 표현하는 '급여체'가 있다.

하나의 언어가 단기간에 사회 전반에 퍼진다는 것은 매우 놀라운 일이다. 물론 언론매체의 영향력도 있겠지만 그 언어가 애매한 개념이나 현상을 매우 정확하게 표현하고 있기 때문이다.

다시 말해 진정한 신조어란, 언어로서의 새로움이 아니라 개념이나 콘셉트의 새로움이다. 신조어에는 반드시 낡은 개념에 대항하는 새로운 개념이 포함된다. 그 새로운 개념은 낡은 개념을 이해하지 않으면 만들어낼 수 없다. 뇌가 낡은 정보를 검색하여 그것이 그때까지는 존재하지 않았음을 알아야 비로소 새로운 것임을 인식할 수 있다. 따라서 신조어를 구상해보거나 만드는 이 작업이 기억계 뇌번지를 강하게 자극한다. 사람은 어떤 일을 기억해낼 때보다 새로운 말을 생각해낼 때가 기억계 뇌번지를 더 많이 사용하기 때문이다.

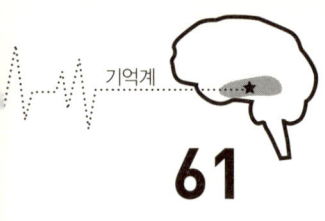

기억계

61
소설의 한 장면이나 《논어》를 암기한다

앞서 단순히 기억력을 기르는 것만이 기억계 뇌번지 트레이닝은 아니라고 설명했다. 하지만 역시 기억계 뇌번지를 단련하려면 기억력을 어느 정도 강화할 필요가 있다. 그렇다고 뭐든 닥치는 대로 암기해도 좋다는 말은 아니다. 중요한 것은 '계획적으로' 기억하는 것이다.

암기의 대상은 길면 길수록 기억한 보람을 느끼는 법이다. 그런 의미에서 공자의 《논어》나 불교의 《반야심경》을 외우는 것도 좋다. 그러나 둘 다 쉽게 외울 수 있는 내용의 것이 아니다. 마음을 단단히 먹고 열심히 임해도 다 외우지 못하고 좌절하고 말 것이 분명하다.

그러면 어떻게 해야 할까? 답은 간단하다. 처음부터 전부를 암기하겠다는 생각을 버리면 된다. '그렇게 해서는 암기력 트레이닝에 도움이 안 된다'라고 생각하는 사람도 있겠지만, 한 번에 모두 외우려하기 때문에 좌절하게 되는 것이므로 외울 범위를 정해놓고 매일 조금씩 암기하면 의외로 쉽게 외워진다.

잘 외워지지 않으면 같은 부분을 여러 번 읽으면서 외우는 줄 수를 매일 한 줄씩 늘려나가자. 이렇게 암기하는 양을 축적하다 보면 암기량이 자연스럽게 늘어난다.

사람은 누구나 열 번 이상은 읽어야 비로소 내용을 진실로 이해할 수 있다고 생각한다. 그러므로 초조해할 필요가 없다. 극단적으로 말해, 매년 10퍼센트씩 외우고 10년 안에 100퍼센트 외우겠다고 계획하면 되는 것이다.

다만 지나치게 난해한 책을 선택하면 얼마 가지 않아 좌절할 가능성이 높다. 《논어》나 《반야심경》이 어렵다면 읽기 편한 소설의 한 장면도 좋고, 임팩트 있는 연극 대사 등 짧은 것을 골라 암기하는 것도 좋다. 모든 일은 스트레스를 받지 않는 수준에서 지속하는 것이 무엇보다 중요하다.

62
팝송 가사를 들으며 따라 부른다

영어 학습도 기억계 뇌번지를 효과적으로 단련하는 방법이다. 단, 영어권 국가에 살면 몰라도 국내에서 영어를 접할 기회는 많지 않다. 물론 영어로 일상회화가 가능한 사람이 있지만 그 외에는 영어 단어 수준이라면 몰라도 긴 문장의 대화는 불가능한 경우가 대부분일 것이다.

그러면 이러한 사람은 영어를 이용한 뇌번지 트레이닝이 불가능할까? 그렇지 않다.

영어가 서툰 사람도 팝송을 듣는 데는 거부감이 없을 것이므로 팝송 가사를 외워 기억계 뇌번지를 자극해보자. 노랫말은 책이나 대화 속 문장과는 달리 멜로디가 있어 쉽게 외울 수 있다. 듣는 것만으로도 기분이 좋아지므로 가사를 자연스럽게 흥얼거리게 된다. 귀로 듣고 외운 것을 소리로 내는 이 일련의 과정을 반복하다 보면 기억력은 더욱더 강하게 단련된다.

노랫말뿐만 아니라 무언가를 외울 때도 소리를 내는 방법은 매우 효과적이다. 예컨대 축하 자리에서나 회식 자리에서 인사말을 해야 할 때, 인사말을 적어놓고 마음속으로만 외우면 막상 실제 상황에 가서는 잘 기억나지 않는다. 하지만 소리 내서 외우면 빨리 외울 수 있고 기억에도 오래 남는다. 암기한 내용이 뇌 속에 좀 더 확실하게 안착되기 때문이다.

그러므로 팝송을 들을 때도 가사나 멜로디를 외웠다면 다음은 소리 내어 따라 부르자. 이러한 작업을 반복하면 기억에 정확히 새겨지게 된다.

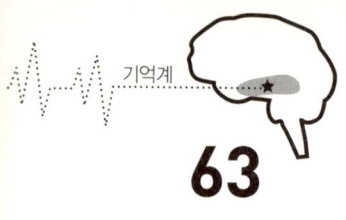

63
어제 일어난 일 3가지를 기억한다

그날 일은 그날까지는 잘 기억하더라도 시간이 지나면 점점 잊히게 마련이다. 더욱이 그 일이 사소한 일일수록 우리는 빨리 잊어버린다.

만약 "일주일 전 아침에 무엇을 먹었나요?"라고 묻는다면 당신은 바로 기억해낼 수 있을까?

그런데 기억력이 강화되면 5일 전 아침식사에 관해 물어도 "그날 아침에는 토스트와 베이컨 스크램블 에그를 먹었어요"라고 대답할 수 있게 된다. 물론 그 수준에 도달하려면 매일 훈련해야 한다. 그러면 어떤 훈련을 하면 좋을까?

구체적으로는 아침에 잠에서 깨면 전날 일을 떠올리며 기억해두고 싶은 일 3가지를 고른다. 그날 밤이 아니라 다음 날 아침에 이 작업을 하는 이유는 시간이 흐르면 잘 떠오르지 않기 때문이다. 잘 생각나지 않을수록 기억을 열심히 되살려야 하기 때문에 그 작업이 기억계 뇌번지를 자극하게 된다. 물론 단순히 떠올리기만 해서는 의미가 없다. 일단 노트에 기록하고 며칠이 지난 뒤에 정확히 기억하고 있는지 검증할 필요가 있다.

그리고 이때는 목적이 분명한 편이 효과적이다.

가령 '다이어트를 위해' 전날 자신이 먹은 음식들을 떠올린다거나 '빠른 업무 진행을 위해' 현재 진행 중인 작업의 진척상황을 떠올려보는 식이다.

이 작업을 반복하면 정보가 매일 3개씩 축적되어 기억의 서랍 개수가 늘어난다. 그리고 좀 더 꾸준히 반복하다 보면 전날의 3가지 일쯤은 간단히 기억해낼 수도 있다. 이렇게 점점 기억해내는 숫자를 늘려나가면 된다.

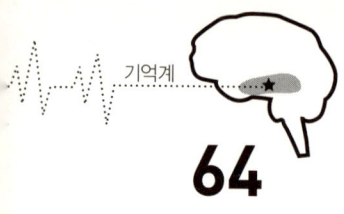

64
일요일에 다음 주 일정을 머릿속으로 계획한다

성공한 경영자들은 대부분 적극적이며 평소 대화에서도 과거 일보다는 미래의 비전을 이야기하는 사람이 많다. 그중에는 다음과 같이 구체적인 인생계획을 세운 사람도 있다.

"40세까지 연매출 ○○억 원을 실현하고, 60세에는 경영의 일선에서 물러나고, 그 뒤에는 내가 배운 노하우를 젊은 세대에게 전수하면서 여생을 보내고 싶다."

이처럼 명확한 미래상을 가지고 행동하는 것은 기억계 뇌번지의 발달에도 많은 영향을 준다. 자신이 되고 싶은 모습을 머릿속에 그리며 그것을 글로 적거나 반복해서 누군가에게 말한다면 그 미래상은 확고한 정보가 되어 뇌 속에 깊이 새겨지게 된다. 그 결과,

다양한 상황에서 '목표를 이루려면 지금 나는 어떤 행동을 해야 할까?'라고 생각하고 그때마다 축적된 정보를 꺼내어 행동하게 된다. 즉, 목표를 강하게 염원하면 할수록 뇌 속에 각인된 미래상도 자주 떠올려지게 되는 것이다.

기억력을 단련하려면 이처럼 자신이 목표로 삼은 미래상을 상상하는 것도 효과적이지만 여기서는 트레이닝 방법에 조금 변화를 주자. 가령, 일요일 밤에 다음 일주일간의 일정을 떠올려보고 무엇을 해야 할지 생각하는 것이다.

'월요일에는 아침 9시에 출근한 뒤 10시부터 회의에 들어가야 하니까 9시 30분까지 서류 정리를 마치고, 나머지 30분 동안은 회의 자료를 검토하자……'

이것도 자신 안에 일종의 이상형을 만드는 작업이라 할 수 있다. 기억력이란 과거 기억을 필요에 따라 끄집어내는 힘만을 가리키는 것이 아니다. 반대로 자신의 머릿속에 새긴 미래상을 수시로 꺼내는 것도 기억의 힘이다. 미래의 비전을 갖는다는 것은 미래의 기억을 창조하는 행위이므로 기억계 뇌번지를 위해서 중요한 일이다.

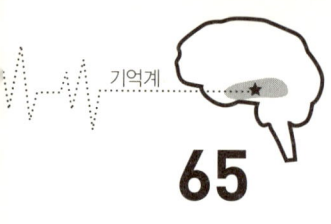

65
오늘 자신이 한 말 중 최고와 최악의 말을 뽑아본다

오늘 하루 동안 자신이 한 말들을 가만히 되짚어보자. 깊이 생각하고 한 말이 있는가 하면, 즉흥적으로 튀어나온 말도 있을 것이다. 즉흥적으로 말하고 나면 '얼떨결에 내뱉은 말인데 뭐' 하고 무책임하게 넘어갈 수 있다. 하지만 즉흥적인 언행이 거듭되면 나쁜 말 습관으로 자리하게 될 뿐만 아니라, 주변 사람들로부터 자칫 신용을 잃을 수 있다. 이를 방지하기 위해서라도 하루가 끝나갈 즈음에 자신이 한 말들을 정리하면서 의식적으로 관리할 필요가 있다.

어렵게 생각할 필요 없다. 먼저 '최고의 발언과 최악의 발언'을 뽑는 것부터 시작하면 된다.

최고의 발언은 누군가를 기쁘게 한 말, 적절한 표현으로 상대를 감동시킨 말, 반대로 최악의 발언은 누군가에게 상처를 준 말, 자신을 불리한 상황에 몰아넣은 말이다. 이러한 작업을 함으로써 자신이 그날 어떤 말을 했는지 다시 한 번 인식할 수 있다. 그리고 무엇보다도 자신의 말에 책임을 질 수 있다.

이때 자신이 그 말을 했을 때 상대가 보였던 반응을 떠올려보자. 혹시 최악의 발언 때문에 다른 사람의 마음에 상처를 입히지 않았는지 되새겨보고 사과할 기회를 마련한다면 더 좋을 것이다. 이러한 과정에서 언어에 대한 기억뿐만 아니라 영상도 기억해내는 훈련이 되기 때문에 기억계 뇌번지가 더욱더 활성화된다.

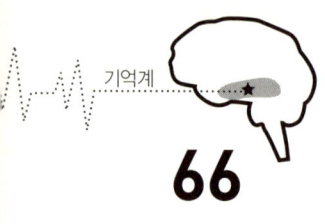

66
가이드나 안내서 없이 자유여행을 떠난다

여행갈 때 당신은 정보를 어떻게 수집하는가?

예컨대 가이드가 동반하는 패키지여행일 경우에 아무것도 조사하지 않는 사람이 있는가 하면, 반대로 현지 정보를 상세하게 조사하는 등 만반의 준비를 해야만 마음이 놓이는 사람도 있다. 어쨌거나 더 나은 여행을 위해 가이드북 하나는 반드시 가지고 간다는 사람이 대부분일 것이다.

하지만 나는 기억계 뇌번지 트레이닝의 한 방법으로, 가이드북을 가져가지 말라고 권하고 싶다.

이렇게 말하면 "모처럼 하는 여행인데 현지 정보 없이는 곤란하다"고 말하는 사람이 있다. 물론 가이드북이 없으면 관광명소나

맛집 등의 정보를 참고할 수 없다는 단점이 있는 건 분명하다. 그러나 여행 전에 정보를 외우고 나서 출발하면 된다.

이를 위해서는 지식을 기억에서 끄집어낸 후에 아는 것과 모르는 것을 정리하는 작업이 필요하다.

예를 들어, 제주도 여행을 앞두고 '한라산과 성산일출봉을 거쳐 우도에 가보자'라는 계획을 세웠다고 하자. 이때 한라산의 위치와 성산일출봉까지 가는 시간과 우도로 들어가는 배 시간표 등의 정보를 사전에 조사해 기억해두어야 한다.

누구나 후회스러운 여행이나 예상하지 못한 문제는 피하고 싶기 때문에 사전에 가능한 한 정확한 정보를 기억해두려 할 것이다. 그리고 여행지에서는 암기해둔 기억과 현지에서 수집한 정보에 맞춰 일정을 세울 것이다. 바로 이러한 작업들이 신선하고 독창적인 여행을 할 수 있게 만든다.

뿐만 아니라 이 트레이닝을 통해서는 여행지의 정보를 미리 암기하기 때문에 기억을 자연스럽게 능동적으로 사용하게 된다. 이것은 가이드북만 보고 따라가는 수동적인 여행과는 비교도 안 될 만큼 뇌에 많은 자극을 줄 것은 두말할 필요도 없다.

| 에필로그 |

몸은 늙어도 뇌는 늙지 않는다

여기까지 다 읽고 난 느낌은 어떠한가?

이 책을 읽고 이미 몇 가지 트레이닝을 시도한 사람도 있을 것이고 앞으로 도전하려고 생각하는 사람도 있을 것이다. 어쨌거나 66가지 트레이닝이 당신의 뇌를 적극적으로 변화시키고 긍정적인 사고를 길러줄 것임은 분명하다.

트레이닝 방법에 어느 정도 익숙해지고 나면 변화를 주는 것도 좋다. 각각의 트레이닝 방법에 자기만의 방법을 추가하거나 스스로 새로운 트레이닝을 만들어보는 것이다. 뇌는 당신이 변화를 추구하며 즐길수록 더욱더 성장하고, 뇌가 성장할수록 당신은 더 일찍 원하는 목표에 이르게 될 것이다.

나는 꿈을 이용해 새로운 트레이닝을 만들곤 한다. 가령 꿈속에 나온 희귀한 동물이나 새가 실재하는지 진지하게 조사하거나 꿈에서 경험한 사건을 자세하게 기억해내고 '실제로 일어났다면 어떻게 되었을까?'라고 생각해본다.

예전에 이런 꿈을 꾼 적이 있다. 내가 운영하는 두뇌 학교의 사원과 둘이서 고객에게 의뢰받은 일을 진행하던 차에 예산이 3만 원밖에 없어 무척 당황하는 내용이었다. 평소라면 '이상한 꿈이네' 하고 넘어갔을 테지만, 만일 '이것이 현실이 되면 어떻게 대처해야 할까?'라고 진지하게 상상해보았다.

또한 우리 뇌는 우리가 가치관이 크게 바뀌는 체험을 했을 때 더욱더 강화된다는 점이다. 말했듯이 생활습관을 개선하는 것만으로도 뇌를 자극하기에 충분하다. 그러나 가치관이 완전히 바뀌는 체험을 하면 뇌가 기분 좋은 충격을 받아 잠재능력이 깨어나게 된다. 물론 무엇이 가치관을 변화시키는지는 사람에 따라 다르다.

나에게 가치관이 변할 만큼 충격적이었던 경험은 이 책에서 여러 번 등장하는 MRI와의 조우였다. 자석으로 만들어진 원통 안에 10~20분간만 누워 있으면 1밀리미터 정도의 두께로 인체의 단면이 영상화된다. 27세 때 MRI를 처음 본 나는 이 기술이 의학 자체를 바꿔놓을 것이라는 확신이 들었다. 이때 나의 뇌는 분명히 다시 태어난 듯한 변화를 겪었다.

조금 주제와 벗어난 이야기를 해보자. 혹시 금강계구회만다라(金剛界九會曼茶羅)를 알고 있는가? '만다라'란 불교특히 밀교에서 부처의 '깨달음'의 경지를 시각적으로 표현한 것으로, 구회만다라는 세로 3칸×가로 3칸, 합계 9칸의 블록 각각에 부처의 모습이 그려진 만다라다. 9개 블록의 중심에는 '마하로비로자나(摩訶毘盧遮那)'라는 불상이 위치하는데 주변의 8개는 이 마하로비로자나의 화신이라 일컫는다.

나는 이 책에서 소개한 8계통의 뇌번지를 생각할 때 항상 만다라를 연상하곤 한다. 이 8가지 뇌번지 트레이닝은 구회만다라로 표현하자면 중심을 가운데 두고 배치된 나머지 블록이라고 할 수 있다.

그렇다면 그 중심에 있는 트레이닝은 무엇일까? 그것은 자신의 가치관을 단련하는 트레이닝이 아닐까? 8개의 뇌(8계통의 뇌번지)를 어떻게 작동시킬 것인가는 각자의 가치관으로 결정된다. 트레이닝을 실천할 때 이 중심에 위치해 있는 자신을 의식하면 지금까지와는 전혀 다른 관점으로 세상을 보게 될 것이다.

몸은 늙어도 뇌는 늙지 않는다. 뇌는 지금 이 순간도 변화하고 있고 성장 중에 있으며 당신이 포기하지 않는 한 끊임없이 성장나

갈 것이다.

독자 여러분이 이 8가지의 뇌번지를 열심히 단련하여 꿈을 이루고 원하는 삶을 살아간다면 이 책의 필자로서 이보다 더한 기쁨이 없겠다.

지은이 가토 토시노리

뇌 1%만 바꿔도 인생이 달라진다

2018년 7월 6일 1쇄 발행 | 2019년 5월 10일 3쇄 발행

지은이 가토 토시노리 | **옮긴이** 이진원 | **펴낸이** 이종근
기획 은영미 | **편집** 이현정 | **마케팅** 황호진 | **관리** 정윤주

펴낸곳 나라원 | **출판등록** 1988. 4. 25(제300-1988-64호)
주소 서울 종로구 종로53길 27(창신동) 나라원빌딩(우. 03105)
대표전화 02-744-8411 | **팩스** 02-745-4399
홈페이지 www.narawon.co.kr | **이메일** narawon@narawon.co.kr

ISBN 978-89-7034-275-7 (13320)

* 잘못 만들어진 책은 구입하신 서점에서 교환해드립니다.
* 책값은 뒤표지에 있습니다